GIARDINI dei LAGHI

GIARDINI dei LAGHI

Judith Chatfield
Fotografie di Liberto Perugi
e Judith Chatfield

RIZZOLI

Libri Illustrati Rizzoli

ISBN 88-17-24650-6

Prima edizione: Stati Uniti d'America, 1992,
RIZZOLI INTERNATIONAL PUBLICATIONS, INC.
300 Park Avenue South, New York, New York 10010

Copyright © 1992 by Rizzoli International Publications, Inc.
Copyright © 1992 by RCS Rizzoli Libri, S.p.A., Milano
per la traduzione italiana

Titolo originale: Gardens of the Italian Lakes
Traduzione: Laura Schrader

Edizione italiana a cura di Testo & Immagine - Torino

Coordinamento grafico: Pippo Ansaldo

Tutti i diritti riservati.
È vietata la riproduzione, anche parziale, con qualsiasi mezzo effettuata, senza autorizzazione scritta di Rizzoli International Publications, Inc.

Progetto grafico di Mary McBride
Stampato e rilegato da Cromolito - Italia
nel mese di settembre 1992

In questa pagina: incisione di Villa Carlotta by Wetzel
Pagina 10: Villa Madre
Pagina 17: Villa Serbelloni Grand Hotel

Sommario

Introduzione / *10*

Lago di Como / *18*

Villa dell'Olmo / *24*
Villa Erba / *30*
Grand Hotel Villa d'Este / *34*
Villa il Pizzo / *42*
Villa Passalacqua / *48*
Villa Balbiano / *52*
Villa Balbianello / *58*
Villa Vigoni / *66*
Villa Bagatti Valsecchi / *72*
Villa la Collina / *76*
Villa Carlotta / *80*
Villa la Quiete / *88*
Villa Melzi / *93*
Villa Trotti / *98*
Grand Hotel Villa Serbelloni / *104*
Villa Serbelloni / *110*
Villa il Monastero / *116*
Villa i Cipressi / *120*

Lago Maggiore / 126

Isola Bella / *132*
Isola Madre / *138*
Villa Pallavicino / *146*
Villa San Remigio / *154*
Villa Taranto / *158*
Fortino del Cerro / *164*

Lago di Garda / 168

Villa Bettoni / *174*
Grand Hotel Villa Cortine / *180*
Giardino sul Lago / *186*
Villa Brenzone / *190*
Villa Bernini / *196*
Villa Idania / *200*
Giardino Hruska / *206*
Il Vittoriale / *212*

Appendice / *219*
Bibliografia / *220*
Indice / *222*
Ringraziamenti / *223*

Le Località

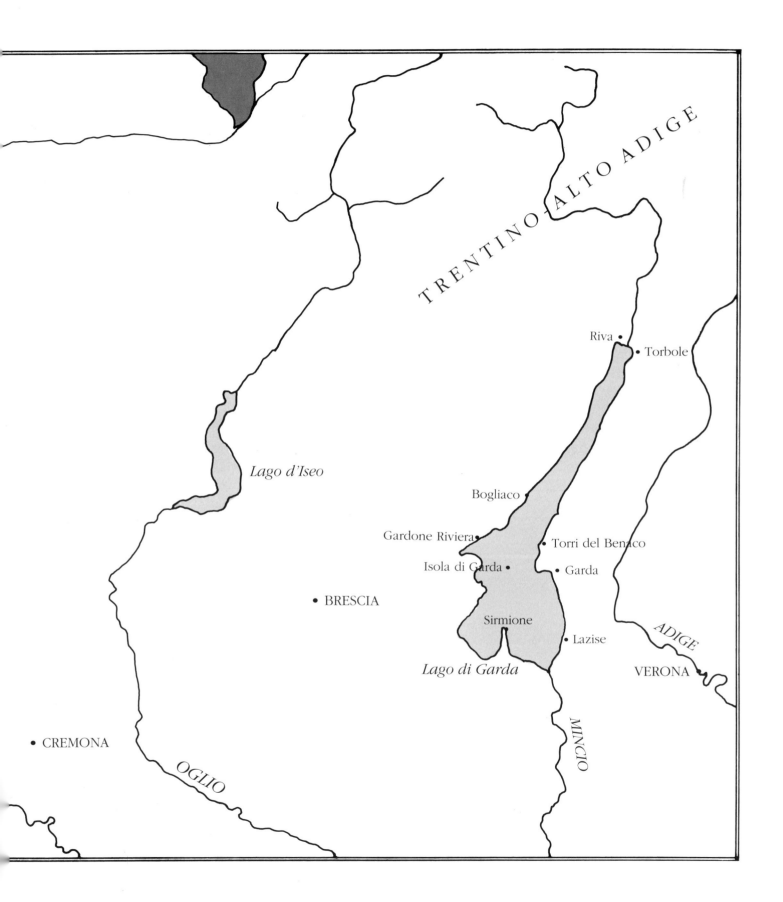

Una statua a Villa Vigoni.

Introduzione

"Nulla al mondo — scrisse Stendhal nel 1817 — può essere paragonato al fascino di questi ardenti giorni d'estate passati sui laghi del Milanese in mezzo ai boschi di castagni, tanto verdi da far pensare che abbiano immerso i loro rami nell'acqua …".

I grandi laghi del nord d'Italia sono tra i luoghi più belli d'Europa. Le ville costruite sulle rive o sulle isole sono state per generazioni di italiani luoghi di villeggiatura alla moda e hanno attratto visitatori da tutto il mondo.

Ogni lago ha una propria fisionomia, molto spiccata. Il Maggiore è un lago di transito e un traffico intenso si snoda lungo le strade strette e attraverso le piccole città turistiche; ma una volta là, si lascia l'automobile, per fortuna, e si sale sui traghetti che collegano la riva alle isole: l'Isola Bella a Stresa, l'Isola Madre a Baveno, e l'Isola dei Pescatori, la più incantevole, priva di giardini ma in compenso dotata di una magica vista sulle altre isole Borromee, Bella e Madre, con i loro giardini assopiti quando, al crepuscolo, la folla dei turisti le abbandona. Sul Lago Maggiore si trova, inoltre, il più importante giardino botanico italiano, Villa Taranto, nonché uno dei giardini barocchi più famosi del Paese, quello dell'Isola Bella.

Il Lago di Como è maestoso; si affacciano proprio sulla sua riva le ville più belle, che ancora ai giorni nostri mantengono tutto il loro splendore. "È esagerato chiamarle palazzi — scrisse Stendhal — e riduttivo definirle dimore di campagna". Le tre isole e le colline della Brianza sono caratterizzate da uno stile architettonico peculiare, che è elegante, pittoresco e voluttuoso. Qua e là, a far da contrasto, si annidano villaggi di pescatori, che un tempo si potevano raggiungere soltanto dal lago. I villaggi sembrano scenografie da operetta. Da uno di essi si può prendere una piccola imbarcazione per raggiungere i giardini di Villa Balbianello. Il più grandioso dei grand-hotel è l'ex Villa d'Este, con lo spettacolare teatro acquatico rimasto intatto dal Rinascimento, mentre nelle altre parti del giardino lo stile rinascimentale si coniuga con gli elementi romantici aggiunti nel diciannovesimo secolo.

Il Lago di Garda, costellato di castelli, è un lago di aspra bellezza, con piatte rive palustri e scogliere che si tuffano nelle acque profonde. Parte del lago conserva reminiscenze austriache. La strada lungo la riva occidentale si snoda tra le gallerie, scivola tra Villa Bettoni e il suo giardino e serpeggia in alto fino all'eccentrica dimora di Gabriele D'Annunzio. La base del lago è dominata dall'affollata penisola di Sirmione, percorsa da visitatori che a piedi si recano alle terme, alle rovine romane e al castello scaligero. Sulla riva orientale si allunga l'incantevole Punta San Vigilio, con il minuscolo porto, i cipressi maestosi e gli uliveti.

Questo libro tratta di questi tre laghi: Como, Maggiore e Garda. Si potrebbe obiettare che non è giusto nei confronti dei laghi di Lecco, Orta, Lugano o Iseo. Lecco è il lungo ramo di destra del Lago di Como, nascosto dietro al promontorio di Bellagio. La sua sponda occidentale è selvaggia, scarsamente abitata, mentre la riva orientale è in gran parte adibita a zona industriale e quindi vi si trovano ben pochi giardini. Il Lago di Lugano è più ricco, ma la maggior parte della sua superficie giace in territorio svizzero e quindi esula dal tema di questo libro. Per quanto riguarda il Lago di Iseo, le sue coste occidentali e settentrionali sono orlate da aspre scogliere a picco sulle acque. Iseo, come Lecco, è in parte sede di industrie, tra le quali c'è una famosa fabbrica di natanti a motore. Quello di Orta è un lago piccolo, un'oasi di serenità, ma non è mai stato alla moda come i laghi di Como e Maggiore e sono poche le sue ville; ne consegue che Orta non è il luogo più adatto per andare alla ricerca di giardini notevoli.

Tuttavia ogni lago ha in comune con gli altri le grandi bellezze naturali: le Alpi, con le loro propaggini settentrionali, lo splendore del sole pomeridiano sulle sponde occidentali, e le acque verdazzurre che lambiscono i ciottoli sulla riva.

Le acque, azzurre per la loro purezza, diventano verdognole dove sono presenti le alghe. I laghi di Como e Maggiore sono estremamente profondi: i loro fondali superano i 400 metri di profondità. È trasparente l'acqua che ne lambisce le basse spiagge coperte di ciottoli. Per quanto il Garda sia così vasto da sembrare, nel suo tratto meridionale, un piccolo mare, non ha maree nè coste paludose. Anche i laghi, purtroppo, non sono totalmente immuni dall'inquinamento. I fumi esalati dalle industrie delle città vicine provocano una foschia che offusca la vista delle colline circostanti; tuttavia, quando si alza questo velo di foschia, si è tentati di rimanere fermi per ore a contemplare le colline dai ripidi versanti, le Alpi incappucciate di bianco all'estremo nord, la massa verde intenso della vegetazione punteggiata di minuscoli villaggi. Se non c'è la nebbia mattutina, la costa orientale è la prima ad essere illuminata dai raggi del sole. A mezzogiorno la luce è cruda, ma le sponde occidentali, nel pomeriggio, s'inondano d'oro; forse per questo tante ville, tra le più belle, sono situate ad occidente. Poi, quando il sole tramonta sul molo di Orta, si vedono apparire a una a una le luci sull'isoletta di San Giulio che si trova di fronte. Dalle isole Borromee, invece, si scorge l'isola Madre, avvolta nell'oscurità che emerge silenziosa dalle acque.

La fisionomia dei giardini di questi laghi è diversa da quella che si trova in altre parti del paese. Va ricordato che, per la maggior parte, le ville furono costruite come dimora stagionale e perciò la sistemazione dei giardini risponde a tale esigenza. Qui le piante sempreverdi, che predominano in Toscana, non sono la norma, perché non si prendeva in considerazione l'aspetto del giardino in inverno. La primavera è un trionfo di rododendri, di azalee e di camelie, più lussureggianti di quelli che fioriscono nel clima inglese. Alcuni giardini, come quelli di Villa Carlotta e dell'Isola Madre, sono famosi per il loro splendore in primavera. Quanto ai fiori estivi, sono presenti con una varietà di specie che non ha riscontro nell'Italia meridionale, dove il clima è più arido. Sui laghi si coltiva spesso anche la flora alpina. In autunno l'atmosfera è limpida ed è vivido il colore del fo-

Disegno dell'Isola Madre da Triggs, Art of Garden design, *1906.*

gliame degli alberi decidui. È anche degno di nota il fatto che, in origine, quasi tutte le ville si potevano raggiungere soltanto dal lago. Solo molto più tardi furono costruite le strade che costeggiano la riva e di conseguenza molti giardini furono separati dalle scalinate d'approdo: un fatto che modifica l'effetto complessivo dell'insieme villa-giardino (Villa Carlotta e Villa Sola sono tipiche vittime della costruzione della strada). Anche l'asprezza del terreno, che spesso scende scosceso sull'acqua, contribuisce a rendere unica la natura dei giardini, a cui conferisce un aspetto piuttosto inconsueto, come accade all'Isola Bella che compare misteriosamente tra le nebbie del mattino come una nave fantasma. La scarsità di spazio e l'irregolarità del suolo hanno reso impossibile realizzare lo schema classico del giardino all'italiana caro al Rinascimento. I giardini sui laghi sono situati dove si è trovato spazio disponibile e spesso sono sistemati a terrazza per godere la vista spettacolare del lago e delle montagne circostanti. Molti giardini risalgono al secolo diciannovesimo, quando prevaleva la moda dei giardini romantici in stile inglese che fu reinterpretata per adattarla alle irregolarità del terreno. Questo coincide con l'importazione di numerose specie dall'Estremo Oriente, secondo la mania dell'epoca di far collezione di piante "esotiche".

Il "chi è chi" dei laghi italiani si snoda lungo l'arco di parecchi secoli. Fin dall'epoca degli antichi insediamenti romani, hanno vissuto o soggiornato qui personaggi famosi. Plinio il giovane possedeva diverse residenze sul lago di Como, una sul promontorio di Bellagio, dove oggi sorge Villa Serbelloni, e un'altra più a sud, a Torno, dove la primavera ancora oggi, come ai suoi giorni, si fa vedere saltuariamente. Catullo amava il lago di Garda, e su questo lago, a Sirmione, si trovano i resti di una villa romana. Sul lago d'Orta predicò uno dei primi missionari, Giulio. Ad Arona, sul lago Maggiore, nacque San Carlo Borromeo.

Alcuni dei più grandi romanzieri italiani scelsero di vivere sui laghi. Alessandro Manzoni, autore de' "I promessi sposi", viveva a Lecco, e ad Oria, sulla riva del lago di Lugano, ancora oggi esiste la villa di Antonio Fogazzaro, l'autore di "Piccolo mondo antico". Nei loro romanzi, emergono vivide descrizioni della vita sui laghi nel diciassettesimo e diciannovesimo secolo.

Prima dell'avvento degli aeroplani e dei transatlantici, molti visitatori, diretti in Italia, attraversavano le Alpi e arrivavano sui grandi laghi: ad ovest, il Maggiore, che si raggiunge dal Passo del San Gottardo; al centro il lago di Como, vicino a Milano, e poi il Lago di Garda, che si incontra all'uscita dall'Austria. Le memorie di viaggio di Goethe e di Ruskin sono piene di annotazioni sull'entrata in Italia dai laghi. La regione vanta anche numerosi visitatori regali, compresa la regina Carolina di Brunswick che, esiliata dall'Inghilterra dal marito Giorgio III, visse a Villa d'Este, sul lago di Como. Giungendo alle isole Borromee, sul lago Maggiore, Napoleone e Giuseppina vennero accolti con grandiosi festeggiamenti.

Nel sedicesimo secolo le chiese sui laghi di Como e Maggiore vennero affrescate dai pittori Bernardino Luini e Gaudenzio Ferrari. Nel diciottesimo secolo, Antonio Canova e Bertel Thorwaldsen riempirono di sculture neoclassiche le ville sul lago di Como. Turner ritrasse il lago Maggiore, sia pur concedendosi alcune licenze artistiche nel dipingere le montagne circostanti. Esistono innumerevoli acquarelli eseguiti con amore dai visitatori stranieri intorno al volger del secolo ma anche chi non nutre fantasie da artista, non può fare a meno di cogliere una delle infinite vedute pittoresche che si presentano ad ogni istante. Tuttavia sono sempre i laghi stessi a tenere il centro della scena: non importa quanto sia piacevole l'architettura delle ville, quanto siano ricche le fioriture, deliziose le scalinate e le balaustre, gli occhi tornano sempre al lago e ai giochi di luce sulle sue acque.

Una statua a Villa Carlotta.

La vita non fu sempre facile sui laghi, che si trovano al crocevia di diverse frontiere spesso attraversate da armate dedite al saccheggio. Il gran numero di fortezze, ora in rovina, dimostra che per generazioni la popolazione locale dovette stare sul chi vive. I Romani allestirono accampamenti militari lungo le rive di Sirmione e di Como. I laghi erano solcati da flotte di navi da guerra, specialmente il lago di Como, a causa dei contrasti tra le città di Como e di Lecco e del conflitto tra le Tre Pievi (le tre città medioevali di Dongo, Gravedona e Sorico sul lago di Como) e i Milanesi che annoveravano Como tra i loro alleati. L'esercito del Barbarossa cinse d'assedio l'isola Comacina costringendo gli abitanti a fuggire e a reinsediarsi sulle rive settentrionali, principalmente a Varenna. L'imperatore ebbe la meritata punizione quando le Tre Pievi misero insieme le loro forze per saccheggiare il convoglio che trasportava le sue ricchezze.

Nel corso dei secoli, i laghi sono stati sotto il dominio lombardo, poi seguito dalla signoria delle famiglie Visconti e Sforza. Sono stati teatro di operazioni politiche: alla fine del diciottesimo secolo videro la guerra di indipendenza contro il dominio austriaco, nel diciannovesimo secolo la lotta contro il controllo francese e in quest'ultimo secolo le azioni dei partigiani.

Nel secolo diciannovesimo, i laghi furono spesso centro di moti di sedizione e nelle ville si nascondevano i rifugiati politici che prendevano la via dell'esilio. Passeggiando lungo i sentieri dei giardini o sotto gli ombrosi belvedere, quante cospirazioni ordirono i patrioti, contro l'Austria e la Francia!

Alcuni capitoli dell'indipendenza italiana vennero scritti qui, con la penna o con le armi, da Mazzini, Garibaldi, Cavour. Più in là nel tempo, in epoca fascista, quando D'Annunzio diffondeva i suoi messaggi dal Vittoriale sul Garda, seguirono altri drammi. Durante l'effimera Repubblica di Salò, sulle sponde occidentali del lago di Garda si trovava la residenza di Benito Mussolini e della sua amante Claretta Petacci. Sul lago di Como si svolse l'ultimo atto della storia del Fascismo: a Dongo il convoglio di Mussolini, che tentava di lasciare l'Italia per cercare scampo in Svizzera, venne bloccato e gli uomini della sua scorta furono fucilati dopo un processo sommario nel Municipio. L'esecuzione di Mussolini e della Petacci venne rimandata di un giorno e avvenne nei pressi di Azzano. Mussolini e Claretta Petacci non avevano il tempo (e forse neppure la voglia) di coltivare i giardini; quello di Mussolini era un grande parco fitto di boschi, dotato di gallerie sotterranee per consentire la fuga.

Spesso sui laghi, e specialmente sul lago di Como, si ritrova un tocco della malinconia romantica del diciannovesimo secolo; gelosamente celati in angoli segreti, i giardini delle ville Carlotta, Melzi, Vigoni, Pizzo e Puncia custodiscono i mausolei di famiglia. Le case possono rimanere chiuse per lustri, intatte, alla morte di un membro amatissimo della famiglia e si usa erigere una colonna per ricordare quella sventura alle future generazioni. Uno degli aggettivi più usati per descrivere il lago è "ridente" cioè solare e gioioso; ma quando i temporali si scatenano all'improvviso e i venti turbinano giù dalle montagne, non più protettive, vi sono periodi di tempo tetro e giorni piovosi che inducono alla tristezza.

I laghi, in particolar modo quello di Como, sono impreziositi da piccole chiese romaniche che sorgono lungo le sponde, mentre più in alto, sulle colline, restano nobili testimonianze di fede che risalgono a tempi di aspre contese. Sui laghi si trovano anche bellissimi monasteri appartati, come quello di Piona sul lago di Como e di Santa Caterina del Sasso sul lago Maggiore; San Francesco fondò una sua comunità sull'Isola del Garda, che più tardi, sotto Lecchi, divenne un importante seminario. Il Lago Maggiore è pervaso profondamente dalla memoria del suo santo locale, san Carlo Borromeo, di famiglia principesca. Egli era un "peccatore" che, una volta pentito, si diede a giudicare senza pietà coloro che non seguivano scrupolosamente i dettami di Santa madre Chiesa. Nel corso dei processi dell'Inquisizione, che si tenevano a Como e a Dongo, mandò all'"inferno" migliaia di persone. Ma, per correttezza, occorre dire che questo stesso uomo compì gesti di grande carità e solidarietà quand'era arcivescovo di Milano al tempo della peste. La mondanità della famiglia Borromeo si misura dal livello dei giardini sull'Isola Bella, disposti rigidamente a terrazze ed ornati ad ogni tornante con l'ironico motto di famiglia, *Humilitas*, tracciato con i fiori delle aiuole. Il medesimo tono pomposo si ritrova nella statua colossale di san Carlo Borromeo ad Arona; con un certo sforzo, e se non si soffre di claustrofobia, ci si può arrampicare al suo interno, per scrutare il lago dalle narici del santo ma il panorama è piuttosto insignificante.

Il sistema di trasporti via lago nel corso degli anni è assai migliorato. Il primo traghetto pubblico del Lago Maggiore entrò in funzione nel 1824. Partiva da Arona ai piedi del lago; fischiando, risaliva il lago in un giorno e nella giornata successiva effettuava il viaggio di ritorno. Non faceva servizio di domenica. Percorrere lunghe distanze sui laghi più grandi comportava qualche rischio; oggi i viaggi sono più frequenti e più sicuri, ma c'è sempre la possibilità che scoppi un temporale quasi all'improvviso. In questi casi, la costa lontana diventa di colpo invisibile, celata da una scura cortina di nubi dense di pioggia, e le acque si fanno tumultuose.

Le montagne che circondano i laghi di Como, Maggiore e di Garda tengono a bada il mondo esterno. Esse abbracciano e proteggono le acque e, nello stesso tempo, le mettono in risalto come zaffiri preziosi nello scrigno di un gioielliere. Sul lago di Como e sui lidi settentrionali del lago Maggiore e di quello di Garda, si avverte la sensazione di trovarsi in luoghi appartati, lontani dalle pianure congestionate e fervide di attività di altre parti dell'Italia del nord. Qui si trovano piccole città e villaggi, che erano in origine insediamenti di pescatori, barcaioli e contadini.

Fortunatamente, esistono alcuni alberghi ultramoderni e la maggior parte del territorio intorno ai laghi è area protetta da uno sviluppo edilizio incontrollato. Nel corso dei secoli, è stato sempre difficile attivare servizi di trasporto su vasta scala e questo fatto ha ritardato la crescita urbana. In molti casi l'architettura delle ville risale alla seconda metà del secolo diciannovesimo e agli inizi del nostro secolo, epoche in cui, grazie ai soggiorni dei reali di Savoia, il lago Maggiore e il lago di Como divennero località alla moda; i cortigiani seguivano l'esempio dei regnanti. Sui laghi italiani, il tempo si è fermato. Ancora oggi, l'atmosfera è la stessa del secolo scorso, come se questi luoghi fossero chiusi in un incantesimo.

I LAGHI

Il lago di Como

IL RE DEI LAGHI del nord è il lago di Como, luogo di assoluta eleganza, con gli impareggiabili grand-hotel di Villa d'Este e Serbelloni. Il lago, chiuso tutt'intorno dalle montagne circostanti, ha la forma di una ipsilon capovolta, perché la penisola di Bellagio lo divide nei due rami di Como e di Lecco. A differenza di altri laghi, che si trovano in parte in territorio svizzero, il lago di Como appartiene tutto ai confini italiani. Lo si raggiunge facilmente da Milano, viaggiando per un'ora in automobile in direzione nord, ed è stato sempre, per chi vive nel Milanese, il luogo prediletto per la seconda casa. Le ville più belle sorgono sul ramo di Como.

Il lago di Como è certamente magnifico nella sua grandiosità, ma è anche dotato di un sottile incanto, che deve in gran parte al fascino dei villaggi di pescatori addossati ai fianchi delle colline, con le case talvolta dipinte a stucco, ma più spesso colorate in una mescolanza di sfumature pastello, l'ocra e il rosa, il ruggine e il giallo, mentre nei dintorni, sui pendii folti di querce e di castagni, pascolano ancora le greggi.

Già agli inizi di maggio, il lago di Como è in piena animazione, con le prime grandi ondate di visitatori che arrivano per ammirare la fioritura di azalee e rododendri di Villa Carlotta e Villa Melzi. L'aria è limpida e le montagne lontane, a nord, sono ancora incappucciate di neve.

In estate arrivano sul lago i proprietari delle ville, che si fermano per tutta la stagione. Sono famiglie che tornano alle residenze che possiedono da generazioni; si riaprono le finestre e le voci echeggiano sull'ac-

---

A SINISTRA: *la Villa Pliniana in un'incisione di Wetzel del 1822.*
A DESTRA: *la chiesa romanica di Sant'Agata a Moltrasio.*

Capre al pascolo vicino all'Abbazia di Piona.

qua. Il traffico di natanti si fa intenso; il lago è solcato da silenziose barche a vela e da potenti motoscafi e anche le strade sono congestionate. I giardini brillano debolmente, offuscati da un velo di calura e non è improbabile il rischio di siccità. In settembre, il lago pulsa ancora di attività, ma le schiere di turisti cominciano ad assottigliarsi. I giardini sono ora più splendenti che mai, mentre le giornate rimangono gradevolmente calde fino ad ottobre, quando il tempo diventa instabile. Verso la fine di questo mese, le copiose piogge provocano l'aumento di livello delle acque, che passano così dal livello minimo di circa un metro delle secche estive a un'altezza tale che si rende necessario rinforzare i moli del porto di Como con sacchi di sabbia. Rimangono in regolare servizio i traghetti di merci e passeggeri, che fanno la spola da una riva all'altra del lago. Nell'ultima settimana di ottobre si assiste ad un estremo sussulto di turismo, reso evidente, nelle caselle della ricezione degli alberghi, dai vuoti lasciati qua e là dalle chiavi mancanti; ma molti albergatori cominciano a chiudere i battenti.

In questo periodo, a Bellagio, la clientela del Caffè Rossi è costituita soltanto da gente del posto, che passa il tempo chiacchierando. Alle sette del mattino si sente il dolce sciacquio dell'onda che lambisce la riva. Mentre il primo traghetto della giornata parte con i fari accesi, ad occidente ancora si affaccia la luna piena, che illumina di bagliori di perla le acque grigie del lago. Scintillano, sull'altra sponda, le luci di Menaggio e Cadenabbia. A mezzogiorno, qualche turista passeggia nei tranquilli giardini di Villa Melzi; un cane di Terranova aspetta paziente, mentre la sua padrona legge un romanzo seduta al sole. Sulla ghiaia dei sentieri, nel giardino del Gran Hotel Serbelloni, sono distesi, a prendere aria, i tappeti orientali.

Più tardi, nella sera, ci dirigiamo ad un vicino ristorante, dove risultiamo gli unici avventori, ma i giovani gestori fanno del loro meglio insistendo per offrirci, anche se abbiamo già avuto il dessert, la specialità locale, una torta inzuppata nel latte caldo. Le foglie cominciano a cadere, l'aria è frizzante e le calendule sono sciupate dal freddo. Al loro posto, sono state allestite, per l'inverno, aiuole di viole del pensiero, ma per lo più i giardini vengono riassettati e poi lasciati riposare durante i mesi invernali. Tra i proprietari delle ville, soltanto pochi ritorneranno qui per le vacanze di Natale e Capodanno; i più non rivedranno il loro giardino fino alla primavera. Il sole c'è ancora, ma è velato da una dorata foschia autunnale che rende quasi indistinte le montagne e le sponde lontane; e già nel primo pomeriggio

A SINISTRA: *una cappelletta in una via di Menaggio.*
IN ALTO: *uno scorcio di Varenna.*
ALLA PAGINA SEGUENTE: *il villaggio di Nesso.*

calano le ombre sui villaggi della riva occidentale. Non vedrà più il sole Villa La Pliniana, dove Plinio il Giovane trascorreva le sue "intermittenti" stagioni primaverili. È ancora possibile mangiare all'aperto in una piazza solatìa di Lenno, con la giacca sulle spalle, ma non appena ci si sposta all'ombra si è colti da un brivido. Per rimanere seduti fuori, sul ponte del battello pomeridiano per Como, ci vuole una certa resistenza. In compenso, nella pace del tardo autunno sul lago, è più probabile sentire lo stridìo di un'anatra che il rombo di un motore. I rosa pastello e gli ocra delle case dei villaggi sembrano mischiarsi, sfumati dalla foschia.

La storia del lago di Como è legata a quella delle sue imbarcazioni. Il "comballo" era una lunga chiatta con vele altissime; più conosciuta è la "lucia", la barca da pesca tradizionale, piccola e maneggevole, dotata di un'intelaiatura di legno per sostenere un telo protettivo nei giorni di pioggia. Oggi si pesca pochissimo per fini commerciali e i ristoranti si riforniscono presso i vivai ittici. Il turista medio attualmente viaggia volentieri in traghetto, questo sgraziato scatolone che carica anche le automobili, o sui battelli per il trasporto dei passeggeri, quelli normali, paragonabili agli autobus, o i rapidi aliscafi, o le speciali imbarcazioni per le crociere di un giorno, una delle quali funziona ancora a vapore. I primi battelli a vapore comparvero sul lago di Como nel 1824, in un'epoca cioè, in cui quasi tutti i villaggi si potevano raggiungere solo per via d'acqua o con le mulattiere. Faceva eccezione la Via Regina, fatta costruire da Carolina di Brunswick tra il 1815 e il 1821, che collegava Como con le cittadine della sponda occidentale consentendo il transito delle carrozze. La presenza di questa strada diede impulso alla costruzione di ville ed alberghi.

Il primo giardino all'italiana del lago di Como fu allestito da Ercole Sfondrati, per sua moglie, a Villa Capuana, alla fine del sedicesimo secolo. Questo giardino, che ora non esiste più, fu descritto da Luigi Rusca nel 1629: vi erano limoni e meli a spalliera, radure ombrose con pergole di rampicanti, rose e gelsomini, cespugli e siepi di lauro e di bosso sagomate con cura, nonché alberi di cipressi. Filippo Meda ne descrisse i cipressi e la profumata fioritura settembrina dell'*Olea fragrans*, il ginepro, il larice, la quercia, il castagno e gli olivi, che risalivano a tempi immemorabili. Scrisse dei suoi assolati muri di pietra nascosti da peri, cotogni e melograni. Lungo i sentieri del giardino, ordinatamente tracciati, erano allineate le rose, gli alberi da frutto e i cespugli di gustosi capperi. Gli alberelli di rose e di agrumi erano coltivati in vasi di terracotta, spostabili.

Anche qui, come sul lago Maggiore, per molte ville costruite verso la fine del diciannovesimo secolo, si seguì la moda del giardino all'inglese.

Nei confronti del lago di Como, non si può fare a meno di condividere i sentimenti espressi da Flaubert, che scrisse: "Esistono alcuni luoghi sulla terra che si desidera ardentemente stringere al petto".

Villa dell'Olmo
Borgovico

A SINISTRA: *la facciata sul lago.*
IN ALTO: *il tempio neoclassico incorniciato da un pino, vecchio di trecento anni.*

IL NOME DI QUESTA VILLA risale a una struttura preesistente del diciassettesimo secolo, una foresteria che apparteneva al monastero dell'ordine degli Osservanti. Ma gli olmi hanno una storia ancora più antica: li descrive nei suoi scritti Plinio il Giovane, che spesso veniva a trovare un poeta suo amico, Caninio Rufo, la cui villa era situata in una foresta di olmi proprio sulle rive del lago di Como.

Nel 1664, Marco Plinio Odescalchi diede ai monaci due edifici in cambio di questa proprietà. Il suo discendente, il marchese Innocenzo Odescalchi, costruì la grandiosa villa attuale tra il 1782 e il 1790 seguendo i progetti degli architetti Innocenzo Ragazzoni e Simone Cantoni. Villa dell'Olmo ha sempre avuto una lista degli ospiti di tutto riguardo. Napoleone e Giuseppina Bonaparte vi soggiornarono insieme nel 1797 e Giuseppina vi ritornò sola nel 1805. Ospitò anche le regine di Sicilia e di Sardegna, nel 1835, e l'Imperatore austriaco Ferdinando I nel 1838, all'epoca del successivo proprietario, il marchese Giorgio Raimondi.

Raimondi aveva ereditato la villa nel 1824 attraverso la linea femminile degli Odescalchi. Sebbene avesse ospitato per due giorni e con grande pompa l'Imperatore, il Principe Metternich e il maresciallo Radetzky, Raimondi era in realtà un ribelle che si opponeva alla dominazione austriaca. Per questo nel 1848 fu costretto a fuggire in Svizzera e la sua villa fu requisita e adibita a caserma. Dopo il suo ritorno a

IN ALTO: *il giardino classico, delimitato da opere di* ars topiaria.
A DESTRA: *un passaggio ad arcata collega il giardino all'inglese con il giardino all'italiana che si trova in riva al lago.*

ALLA PAGINA SEGUENTE: *sul giardino all'italiana veglia la statua di un'antica divinità.*

Villa dell'Olmo nel 1859, egli presentò Giuseppe Garibaldi a Giuseppina Raimondi; in seguito i due si sposarono.

Il giardino, come lo vediamo oggi, risale al proprietario successivo, il Duca Guido Visconti di Modrone. Nel 1883 egli abbatté le ali della villa e creò il cortile di ingresso, facendone un giardino all'italiana che guarda le acque del lago. Sui prati rasati dell'ampia terrazza sono collocate aiuole rettangolari; nel giardino a terrazza fioriscono rose e gerani bianchi. Di fronte alla villa, entro il perimetro di una siepe di bosso tosato, su un prato, c'è una grande vasca con una fontana adorna di putti ruzzanti in dimensioni più grandi del naturale, scolpiti da Oldofredi. Sul bordo della vasca è scolpito lo stemma di famiglia dei Visconti di Modrone, alquanto raccapricciante, con un biscione che ingoia un bambino. Ai lati dei vialetti coperti di ghiaia, sono allineate statue di dei e di dee poste su alti piedistalli. La terrazza confina con un grazioso approdo. A destra, vicino al cancello d'entrata in ferro battuto, c'è il monumento ad Achille Grandi, un leader politico. Sul retro della villa si stende un parco paesaggistico con numerosi esemplari arborei tra cui sono degni di nota un pino olandese che ha circa trecento anni e un grande castagno. Rimangono ancora degli olmi in questo parco, dove spesso riposò il poeta Ugo Foscolo. Sul fianco della collina, si trova un grazioso tempietto di marmo con il tetto di piombo.

Nel 1926 la villa fu donata alla città di Como dagli eredi del Duca Guido ed oggi viene usata per conferenze e mostre.

Villa Erba
tra Como e Cernobbio

A SINISTRA: *il porticciolo di Villa Erba.*
IN ALTO: *Villa Erba nella luce del tardo pomeriggio.*

VERI PROTAGONISTI di questo giardino sono gli alberi, altissimi. Il sole del tardo pomeriggio ne allunga le ombre che striano le ampie distese di prati smeraldini.

C'è una strana atmosfera pomposa, in questa villa sovraccarica in stile art-nouveau, a partire dalle statue in grandezza naturale di figure mitologiche in pose contorte che la circondano, fino ad arrivare al nuovo immenso salone di rappresentanza progettato da Mario Bellini ad imitazione di una serra. Il parco all'inglese è superbo; gli alberi, raggruppati con attenzione, sono tutti decidui, compresi i canneti di bambù e i faggi sanguigni. Un gruppo di enormi platani ombreggia una piccola terrazza rialzata, orlata di viole del pensiero bianche. Lungo la lunga, arcuata riva del lago, sboccia una lussureggiante distesa di rose bianche. Di fronte agli scalini della villa si è ricavato un rustico porticciolo privato; l'aspetto grezzo dei massi di questo approdo trova riscontro nelle siepi tosate di bosso che si trovano alle sue spalle. La contrapposizione tra una natura artificiosa, in cui si sente la mano dell'uomo e una natura autentica, è tipica dei giardini art-nouveau di questo periodo.

La villa fu progettata intorno al 1892 per Luigi Erba, collezionista d'arte e musicista, erede della fortuna di una grande società farmaceutica. All'inizio del diciannovesimo secolo, il generale napoleonico Pino aveva trasformato un vecchio convento in una villa, che sorgeva vicino a villa Erba. Gli attuali proprietari, i Visconti di Modrone, utilizzano la proprietà come centro di conferenze.

A SINISTRA: *intorno a un terrazzo ombroso, un cerchio di bianche viole del pensiero.*
IN ALTO: *il salone di rappresentanza creato dall'architetto Mario Bellini che si è ispirato alla struttura delle serre.*

Grand Hotel Villa d'Este
Cernobbio

A SINISTRA: *il viale dei cipressi, incorniciato dal nymphaeum.*
IN ALTO: *le due scalinate d'acqua.*

Il più splendido giardino barocco sul lago di Como è senza dubbio quello del Grand Hotel Villa D'Este. Anche se oggi non è più completo, rimangono, e sono maestosi, il *nymphaeum* e il viale dei cipressi. Sono andati ormai perduti i complicati parterre che un tempo esistevano; eppure il particolare della facciata del *nymphaeum*, rivestita di ciottoli, con le sue nicchie e i suoi vani, possiede ancora quella ricchezza che un tempo si rifletteva nello splendore dei parterre circostanti. Le due ali del *nymphaeum* abbracciano una corte ovale decorata da bassorilievi e cariatidi, in cui si trova lo specchio d'acqua. Al centro del viale dei cipressi, da una nicchia in alto scende una scala stillante d'acqua. Decorata in modo simile al *nymphaeum*, la nicchia contiene una statua marmorea di Ercole. In riva all'acqua sorge un tempietto di epoca più tarda, che ospita una statua di Minerva davanti a un busto di Telemaco.

La villa fu originariamente costruita da Pellegrino Pellegrini in una data imprecisata tra il 1568 e il 1615 per il cardinale Tolomeo Gallio. Figlio di un pescatore del luogo, Gallio era proprietario di una serie di ville principesche sulle rive del lago di Como, comprese le residenze di Gravedona e Ossuccio.

Il *nymphaeum* può essere attribuito con sicurezza a Pellegrini. Il nipote di Gallio lo ricevette in eredità e lo passò ai Gesuiti, i quali lo diedero in affitto dopo il 1769. Infine fu acquistato per una celebre ex ballerina, "La

IN ALTO: *all'interno del nymphaeum, un laghetto circondato dalle cariatidi.*

Pelusina", dal suo primo marito il Marchese Bartolomeo Calderara. In onore della carriera militare del suo secondo marito (il generale Domenico Pino condusse in Spagna una campagna militare per Napoleone), la Pelusina fece costruire sul ripido fianco della collina dietro al giardino alcune fortezze in miniatura. La villa, che era stata trascurata per molti anni, venne infine restaurata dalla Pelusina che apportò diverse migliorie all'amata proprietà.

Il periodo più vivace per Villa D'Este corrispose all'epoca in cui ne fu proprietaria, per cinque anni, la regina Carolina di Brunswick, moglie del Re Giorgio IV di Inghilterra, che lasciò il marito per venire a vivere qui con il suo amante, il gran ciambellano Bartolomeo Bergami, tra il 1815 e il 1820, anno in cui tornò in Inghilterra per la causa di divorzio. A Villa D'Este, che prendeva il nome da un antenato di Carolina, Guelfo D'Este, la Regina Carolina formò una corte in miniatura e organizzò con prodigalità una serie ininterrotta di grandi trattenimenti. Per rallegrare la villa, il cantore di corte Bernardo Bellini cantava:

"Là dove il sorriso del Lario
trasforma in tanto raro specchio
il felice nido d'amore di Plinio,
caro ad Amore e alla bella Venere
e l'Aurora giunge mormorando
il suo benvenuto alla coppia"

Il barone Ippolito Gaetano Ciani acquistò Villa D'Este

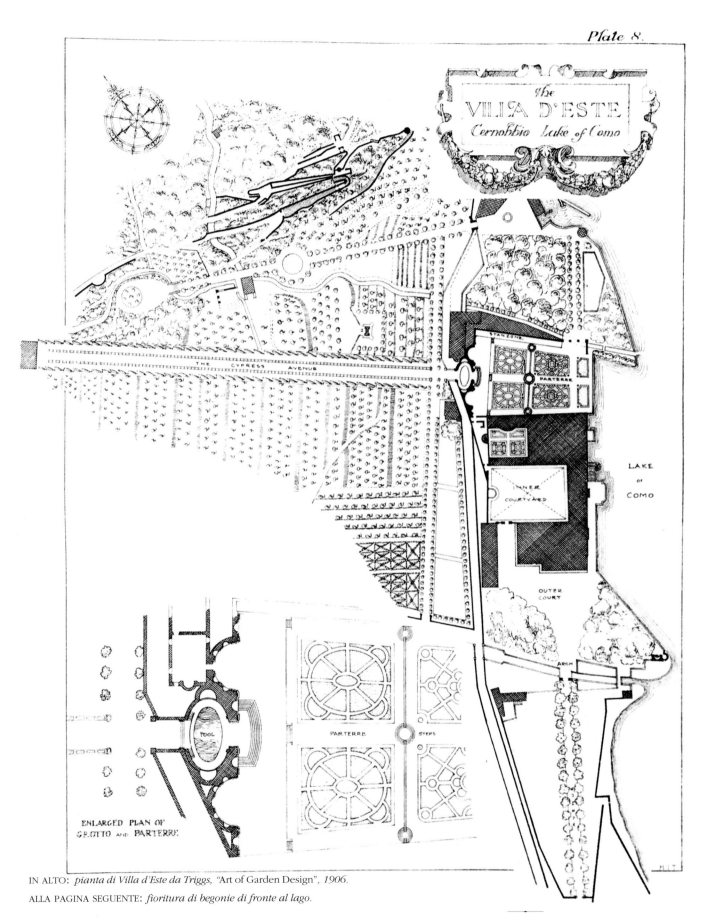

IN ALTO: *pianta di Villa d'Este da Triggs, "Art of Garden Design", 1906.*
ALLA PAGINA SEGUENTE: *fioritura di begonie di fronte al lago.*

IN ALTO: *le fortificazioni in finto stile medioevale sopra Villa d'Este.*
A DESTRA: *le vetrate della sala da pranzo si affacciano sul giardino all'italiana e sui prati.*

nel 1820. Nel 1861, nella villa fu organizzato un ballo patriottico per celebrare l'unificazione d'Italia; le danze si svolsero nel giardino, decorato con archi trionfali di lauro e quercia. Le signore erano abbigliate in modo da impersonificare le varie città italiane.

La zarina di Russia affittò la villa nel 1868 e ancora una volta nei suoi giardini si tramarono intrighi di corte. Villa d'Este dal 1873 è un grand-hotel, famoso in tutto il mondo per la sua eleganza.

Villa il Pizzo
Cernobbio

A SINISTRA: *il porticciolo privato di Villa il Pizzo. Il proprietario fa rivivere la tradizione delle regate sul lago di Como con l'impiego di barche a vela costruite in legno.*
IN ALTO: *una parte delle tenute che si affacciano nel lungolago, con le residenze più importanti.*

TRA L'HOTEL VILLA D'ESTE e Moltrasio, in un punto chiamato il Pizzo, per oltre un chilometro lungo la riva, si stende il muro di recinzione di un giardino. Dal lago, i giardini appaiono misteriosi. Le onde che lambiscono la spiaggia ricordano che i giardini sono privati, che ci sono barriere; soltanto una piccola parte di essi è visibile, un assaggio tentatore, mentre tutto il resto è situato lontano dalla riva.

Il giardino di Villa il Pizzo è un mondo molto privato, che cela quasi un chilometro di tortuosi sentieri ombrosi, alti prati aperti orlati di faggi e querce, terrazze coltivate a rose e ibischi, boschetti di bambù e, vicino al lago, i vasti, aperti spazi del giardino geometrico all'italiana, nello stile del diciassettesimo secolo.

Originariamente questo luogo era una tenuta agricola che, nel quindicesimo secolo, produceva olio e vino. La collina è crivellata di grotte artificiali, usate un tempo per conservare quei prodotti. La villa fu costruita prima del 1545 da G.B. Speciano, senatore di Cremona e legato apostolico, che partecipò all'assedio de' "Il Medeghino", il castello di Gian Giacomo de' Medici a Musso. Fu poi ereditata dal conte Giovanni Mugiasca, il quale progettò il parco, e che a sua volta la lasciò all'ospedale Maggiore di Como nel 1830. Il vice reggente di Milano, l'arciduca Ranieri, aveva l'abitudine di trascorrere l'estate in questa villa: fu lui a piantare i due esemplari di *Pinus austriaca nigra*. Nel 1848, il proprietario, il barone Gaetano Ippolito Ciano, perse la villa

IN ALTO: *una serra addossata al fianco della collina.*
A DESTRA: *le terrazze in cima alla scalinata del giardino classico.*

che gli fu sequestrata a causa delle sue attività politiche. Ne entrò in possesso una signora francese, Elisa Musard, che la tenne fino al 1873, e poi la vendette a Fortunato Volpi Bassani.

Il parco paesaggistico all'inglese è dovuto in gran parte alle modifiche apportate dalla Musard su progetto dell'architetto Villoresi tra il 1865 e il 1871. L'architetto Villoresi progettò anche la Villa Reale di Monza. Il massiccio mausoleo ottagonale di granito della famiglia Volpi Bassani, opera dell'architetto Luca Beltrami, occupa il luogo più privilegiato del giardino, un vasto belvedere con splendido panorama sul lago. Questo giardino presenta una grande varietà di paesaggi: i suoi sentieri si snodano serpeggiando, oltrepassano la darsena a terrazza costruita da Volpi Bassani e salgono fino a un orrido, una cascata che scende da un dirupo, attraversata da un ponte scosceso. Qui crescono felci, camelie e azalee insieme a bianche ortensie dai cespugli a forma piramidale e ad alte begonie rosa. I due giardini geometrici, di forma rettangolare, si trovano ai piedi delle due ville, a livello della sponda del lago. Esistono infatti due

Di fronte alla scalinata, fioriscono le begonie e gli hibiscus.

ville, ma una è chiusa dall'inizio del secolo, cioé da quando la moglie del proprietario morì in un'epidemia. La camera della morta ha ancora i suoi fiori ed è profondamente sepolta nella polvere di mezzo secolo. Secondo le ultime volontà del proprietario, questa villa doveva essere lasciata intatta. Una delle ville aveva alte siepi di lauro e prati delimitati da bassi cespugli di bosso; l'altra ha una scalinata monumentale che conduce a una terrazza. In ciascuna delle due ville si trova una fontana barocca. La Olea fragrans profuma la casa. Un sentiero si arrampica in alto, verso una pergola di carpine e una serra.

Quando morì l'ultimo dei conti Volpi Bassani, la villa passò a una cugina, Raimonda Sanna. L'attuale proprietaria usa Villa il Pizzo come base per le attività che conduce insieme al marito Gian Paolo Lodigiani cioè la costruzione di barche a vela e le regate nautiche.

Villa Passalacqua
Moltrasio

A SINISTRA: *accanto a un tempietto ricoperto di glicine, un gruppo di iris color porpora.*
IN ALTO: *in fondo al giardino, addossato ad un giardino roccioso, lo stagno delle rane.*

La strada principale diretta a Como si tuffa verso Moltrasio facendo una deviazione. Di fronte a Torno, sulla riva opposta, sorge Villa Passalacqua, una massiccia villa del diciottesimo secolo di colore albicocca con porte di pesante ferro battuto e un balcone brulicante di putti. Al livello della terrazza della villa si stendono i prati; qui sorge una vasta scalinata che si collega a un viale carrozzabile, ellittico. La struttura del giardino è determinata da questa rampa che divide la ripida collina in cinque sezioni prima di fermarsi ai cancelli che si aprono sulla strada lungo il lago. Il giardino, costruito su elevazioni artificiali sorrette da enormi volte di pietra, ora si trova in uno stato di semi-abbandono; vi si possono ancora incontrare angolini preziosi e scorci gradevoli, come un tempietto a colonne coperto da un glicine vicino a un largo ciuffo di iris color porpora scuro o un'antica vera di pozzo adorna di un delicato arabesco in ferro battuto. Più in basso si trovano due rustiche ringhiere di legno sommerse dal glicine. Inaspettatamente, ai lati del viale carrozzabile, si profilano due grandi cani cinesi Foo, in ceramica turchese, che rivelano il gusto dell'attuale proprietaria, Elisabeth Kiss Maerth, un'adepta della filosofia orientale.

Sono numerosi i laghetti e le fontane; sulla terrazza superiore si trovano due vasche gemelle, adorne di lucenti statue di bronzo; qua e là appaiono piccole fontane. Al centro del pendio scorre un ripido canale bordato da fitte

IN ALTO: *a Villa Passalacqua, le porte dai complicati arabeschi in ferro battuto.*
A DESTRA: *vecchie carrozzelle sui prati di fronte alla villa. Un tempo erano trainate da pony.*

berchemie. Accanto al cancello, in fondo al giardino, si trovava uno stagno con le ninfee, alimentato da una fontana mormorante, adorna di piccole figure pagane. Dietro, c'è un giardino roccioso pieno di piccoli fiori gialli e bianchi dove fiorisce anche una varietà di tulipano rosa. Il gracidio delle rane gareggia in sonorità con l'abbaiare dei cani da caccia. Ai piedi della collina si trova un grande parterre *cinquefoil*, il cui disegno è evidenziato dal tracciato dei ciottoli.

Tra il 1829 e il 1833, i conti Lucini-Passalacqua ospitarono in questa villa Vincenzo Bellini, che qui compose "Norma" e "La Sonnambula".

Elizabeth Maerth ha restaurato la proprietà negli anni '70. La villa è usata per mostre stagionali di antiquariato. Il suo cancello d'ingresso, in finto stile medioevale, è adiacente a una squisita chiesa romanica, Sant'Agata, che risale all'undicesimo secolo.

Villa Balbiano

Ossuccio

A SINISTRA: *uno scorcio di Villa Balbiano, colto attraverso la cancellata sulla strada.*
IN ALTO: *pesci rossi e un iris giapponese.*

Viaggiando da Lenno a Ossuccio, appare per un attimo, al di là di un'alta cancellata di ferro battuto, un lungo e stretto giardino verde dall'aspetto tentatore. Dietro il cancello, si scorge un laghetto di ninfee, protetto da un grande recinto ovale, che si dischiude sulla distesa d'erba del prato che scende verso la villa. Se è aperta la porta sul frontale di questa villa del sedicesimo secolo, lo sguardo può spingersi fino alla riva del lago.

Gli spazi e le proporzioni della villa e del giardino sono paragonabili alla musica da camera: il luogo è intimo, dotato di misura e di equilibrio. Il giardino, puntigliosamente curato dall'ex giardiniere della vicina Villa Balbianello, divampa in macchie di colori.

In primavera, i prati di fianco alla villa si coprono di margheritine e dei boccioli rosa caduti dagli alberi di Giuda. La balaustrata del molo è ricoperta di glicine bianco in boccio. Gli iris giapponesi si levano alti sopra le aiuole di gigli, mentre nei laghetti guizzano i pesci rossi. Sul limitare della villa splendono aiuole lussureggianti e le colonne della loggia sono fitte di rose rampicanti.

Il nome della villa deriva dalla località di Balbiano, che a sua volta è così chiamata perché feudo, nel medioevo, dei conti Balbiano. Nel corso dei secoli quattordicesimo e quindicesimo, la famiglia Giovio possedeva qui una villa nobiliare, che poi è stata distrutta. Intorno c'erano piantagioni di gelsi per l'allevamento del baco da seta e alberi di

IN ALTO: *il muro sul lago, ricoperto di glicine bianco.*
A DESTRA: *un giardino "segreto", su un lato della villa.*

ALLA PAGINA SEGUENTE: *in primavera, il prato è sommerso da un tappeto di minuscole margherite.*

olivo. Il cardinale Tolomeo Gallio, il protegé di Giovio, acquistò dai Giovio stessi la proprietà nel 1596 è fece costruire una nuova villa, probabilmente servendosi dell'architetto di famiglia dei Giovio, Pellegrino Tibaldi.

Giovanni Battista Giovio ricomprò la proprietà dagli eredi di Gallio nel 1778. A quell'epoca vennero progettati e sistemati i giardini, ma la proprietà rimase alla famiglia Giovio soltanto per nove anni.

Il cardinale Angelo Maria Durini, che fu nunzio apostolico a Varsavia, la acquistò nel 1787, insieme al vicino promontorio di Balbianello. Il cardinale, un letterato dai gusti epicurei, ampliò ed abbellì la villa per creare un ambiente adatto ai suoi ricevimenti. Nel 1796, l'idillio si infranse con l'avvicinarsi delle truppe austriache; Durini si legò pesanti pezzi d'oro intorno al corpo preparandosi a fuggire valicando le montagne della Svizzera, ma morì per la rottura di un'ernia. I suoi eredi trascurarono la villa che fu venduta nel 1872 ai Gessner, una famiglia di industriali che trasformò il salone da ballo in una fabbrica di seta. Nel 1930 la villa fu rimpicciolita, ne vennero demolite le ali e fu venduto il terreno agricolo. La rinascita della villa e dei suoi giardini è dovuta al successivo proprietario, Hermann Hartlaub, che nel 1962 ne affidò il restauro ad un ingegnere. Questi modificò l'accesso in riva al lago, i cui gradini erano scivolati sotto il pelo dell'acqua e creò anche il canale che vediamo oggi nei giardini. Villa Balbiano è ora di proprietà di Michele Canepa.

Villa Balbianello

Lenno

VILLA BALBIANELLO è più di un giardino; è un promontorio incantevole che spiega la sua magia su tutti coloro che vi si avvicinano. Parte del suo fascino sta nel fatto che la si può raggiungere soltanto dall'acqua. Un piccolo vaporetto parte tre giorni alla settimana dal minuscolo villaggio di pescatori di Ossuccio e arriva al molo di attracco a sud della villa, con il cancello di ferro battuto e i gerani rosa. I sentieri si snodano fino ad un terrazzo dove, accanto al porto più attraente del lago di Como, sorge un'antica chiesa francescana. Un muraglione ricurvo ornato da una statua di San Carlo Borromeo in atto di benedire le acque, cinge il porto in miniatura, da dove parte un volo di scale che guida il visitatore su nel giardino.

Intorno all'anno 1200, si stabilirono per primi, sulla cima del promontorio, i Francescani, che costruirono qui un monastero. Il convento era ancora in funzione nel sedicesimo secolo, occupato dai frati Cappuccini. Nel 1787, il cardinale Angelo Maria Durini acquistò la proprietà, con l'intenzione di usarla come una dépendance per i suoi ricevimenti. La sua residenza principale era infatti Villa Balbiano, a Ossuccio. Il caffè venne servito, per la prima volta in Lombardia, proprio qui, nella graziosa loggia che domina entrambi i lati del promontorio. Fiancheggiata da due saloni, ai tempi del cardinal Durini la loggia ospitava recite e discussioni letterarie. Gli eredi del cardinale Durini vendettero la villa al conte Luigi Porro Lambertenghi, un patriota

IN ALTO: *Villa Balbianello, in un dipinto anonimo del diciannovesimo secolo (Fondo per l'Ambiente Italiano).*
IN ALTO A DESTRA: *i colori splendenti delle azalee, resi più vividi dagli acquazzoni di maggio.*

ALLA PAGINA PRECEDENTE: *un viale di tigli conduce all'approdo del traghetto.*
A SINISTRA: *la loggia dove si trovano la biblioteca del conte Monzino e un pianoforte.*
IN ALTO: *Villa Balbianello vista dal lago di Como.*

che combatteva contro il dominio austriaco nell'Italia del nord, e che usò la villa come rifugio per i rivoluzionari, ospitandovi anche lo scrittore e patriota Silvio Pellico, il tutore dei suoi figli. Porro Lambertenghi la lasciò a sua volta ai marchesi Arconati Visconti, agli inizi del diciannovesimo secolo. La famiglia Arconati Visconti ampliò la villa e modellò il giardino. Sulle deliziose balaustrate è scolpito lo stemma di famiglia, il biscione che ingoia un fanciullo, alternato a putti in altalena. L'amante della marchesa Arconati Visconti morì tragicamente: le fece scudo con il suo corpo contro le pallottole di un assassino. Addolorata, ella chiuse la villa per trent'anni, fino al 1911.

In quel periodo, il generale bostoniano Butler Ames fece un'escursione nella proprietà e si innamorò di Balbianello. Per otto anni tentò con insistenza di acquistare la tenuta, che invece fu ceduta, inaspettatamente, al figlio più giovane del Kaiser tedesco, il principe Eitel Friedrich, alla vigilia della prima guerra mondiale e poi venne confiscata dal governo italiano. In seguito, alla fine della guerra, nel 1919, il generale Ames riuscì finalmente ad acquistare la villa. Con l'assistenza di un suo amico, il maggiore generale Cecil Albert Heydeman, Ames ristrutturò i giardini. Il generale Ames morì nel 1954 lasciando la proprietà ai suoi nipoti e alle sue nipoti. Nel 1974 Balbianello fu venduta al conte Guido Monzino, che modificò i giardini eliminando le aiuole per creare dei prati e sostituì le statue dei santi con statue profane. La villa e i terreni rimangono come li lasciò il conte Monzino, che volle donarli al Fondo dell'Ambiente Italiano. La biblioteca di Monzino e il museo dedicato alle sue esplorazioni polari e in montagna, mantengono vivo il ricordo dell'ultimo proprietario della villa, che morì nel 1988. Il conte amava questo luogo e chiese di essere sepolto nel suo giardino.

Balbianello occupa il promontorio Dosso d'Avedo, chiamato anche Lavedo, che separa le baie di Venere e di Diana. La collina a sud è coperta di lauro tosato e adorna di un viale di tigli cimati a capitozzo. Per dare qualche tocco di teatralità, in punti strategici sono piantati dei cipressi. In primavera si gode lo spettacolo indimenticabile del rosa delle masse di azalee che spicca sullo sfondo delle più diverse sfumature di verde.

IN ALTO: *il balcone è decorato da putti in altalena e dallo stemma della famiglia Visconti.*
A DESTRA: *il porto più poetico del lago di Como, con alcune statue di santi in atto di benedire le acque, un ricordo del monastero che sorgeva qui prima della villa.*

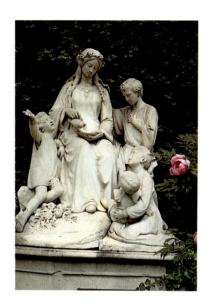

Villa Vigoni
Loveno

A SINISTRA: *fioritura di iris in primavera, oltre la villa.*
IN ALTO: *la statua che ritrae Luigia Vigoni e i suoi figli, opera di Giosuè Argenti.*

Villa Vigoni, un tempo Villa Mylius, fu lasciata in eredità alla Repubblica Federale Tedesca da un cittadino italiano, Don Ignazio Vigoni, morto nel 1983, perché fosse usata come centro di scambi culturali, politici e scientifici fra Italia e Germania. In tal modo fu proseguita la tradizione, inaugurata da Heinrich Mylius nel diciannovesimo secolo, di ospitare in questo luogo uomini di cultura dei due paesi. Tra le sue amicizie tedesche e italiane, Mylius contava Johann Wolfgang von Goethe e Alessandro Manzoni, il naturalista ed esploratore Edward Rüppel e il numismatico del Museo di Brera, Gaetano Cattaneo. La villa passò poi ai discendenti della vedova dell'unico figlio di Heinrich, Giulio. Luigia Mylius si era risposata con un impiegato di suo suocero, Ignazio Vigoni. Il loro figlio sposò una discendente del fratello di Heinrich, Cattula Mylius, la quale visse fino alla tarda età di novantasette anni insieme al figlio celibe, che portava anche lui il nome di Ignazio Vigoni.

Il parco si stende su una superficie di circa venti acri, mentre l'intera proprietà è costituita da cento acri di terreno agricolo e di colline coperte di boschi e comprende quattro ville e diversi altri edifici.

Sulla riva occidentale del lago di Como, c'è una strada che partendo dalla cittadina di Menaggio, si snoda lentamente fin su a Loveno. Un vialetto separa la villa principale da un edificio dove si trovano gli uffici dell'amministrazio-

IN ALTO E A DESTRA: *vedute del parco di Villa Vigoni, dove si tengono concerti all'aperto.*

ne. Il luogo è splendido: dal fianco della collina lo sguardo spazia sulla penisola di Bellagio, sui due bracci del lago e sulle montagne ad oriente. In primo piano c'è il campanile della chiesa parrocchiale di San Domenico, le cui campane rompono il silenzio dei giardini.

Annidata sulle pendici della collina, accuratamente rimodellate, la villa è circondata da superbi esemplari di alberi e cespugli esotici. Alcuni sentieri serpeggiano fra i prati in stile paesaggistico inglese, girano intorno a un lago e arrivano alla piccola cappella neoclassica dedicata alla memoria di Giulio Mylius, dove continuano il percorso snodandosi intorno a una serie di statue situate in posizione strategica. L'architetto del paesaggio Luigi Balzaretto, verso il 1840, riorganizzò i vigneti a terrazza e piantò diversi esemplari arborei, spesso accompagnati da alberi a rapida crescita, che appagavano temporaneamente la vista in attesa che si sviluppassero le specie più pregiate. Un enorme *Cypressus funebris,* portato da Rüppel dall'Himalaia, sfortunatamente dovette essere rimosso dopo i danni causati da una tempesta; comunque, tra gli alberi rimasti, ci sono notevoli esempi di *Pinus pinea, Juniperus sabina* e sequoia. Un gruppo statuario rappresenta Luigia Vigoni, rimasta vedova dopo un solo mese di matrimonio con Giulio, circondata dai figli avuti dal secondo marito. Il gruppo fu scolpito da Giosué Argenti; dello stesso autore è la statua di un angelo che sta per levarsi in volo. La bellezza del parco-giardino deriva dalla densità degli alberi e dalle contrastanti sfumature del fogliame. Il giardino riflette l'entusiasmo dei residenti del diciannovesimo secolo per il giardino all'inglese romantico-naturalistico e la smania di collezionare esemplari esotici. È uno scenario appropriato per i concerti che si tengono ogni anno nel mese di agosto in occasione dell'anniversario della nascita di Don Ignazio.

La statua di un angelo, opera di Giosuè Argenti.

Villa Bagatti Valsecchi

Cardano di Grandola

A SINISTRA: *l'estremità del giardino occidentale, detto anche giardino "nuovo", lungo lo strapiombo.*
IN ALTO: *il cortile d'ingresso.*

A QUATTROCENTO METRI di altitudine, tra il laghi di Como e di Lugano, si trova un singolare giardino aggrappato alle rocce; appartiene alle montagne che abbracciano il lago di Como più che alle sue acque, ma il lago e l'isola Comacina sono ben visibili dal suo più alto tornante. Il piccolo villaggio di Cardano di Grandola si trova nei pressi della strada che conduce da Menaggio a Porlezza. Un gruppo di case di pietra decorate con disegni a graffito precede il cortile d'ingresso della villa Bagatti Valsecchi. Tra le lastre di pietra della pavimentazione spuntano fiori di vario tipo, compresa la calendula. Su di una parete sono affrescati San Rocco e Sant'Antonio abate, i due santi che proteggono dalla peste; il balcone della loggia trabocca di gerani.

Costruita in parte nel 1700 dalla famiglia Guaita, la proprietà nel 1896 passò in eredità dai baroni Galbiati ai Bagatti Valsecchi, i quali sopraelevarono la villa di un piano e nel 1911 aggiunsero la loggia orientale e le torri.

Il giardino si divide in due settori: il giardino "vecchio" risale agli anni '30 e costeggia la casa lungo il precipizio; il giardino "nuovo", situato ad occidente con le terrazze di prato aperto e le aiuole, fu creato negli anni '40 e '50. Per entrambi i settori, autore del progetto fu l'ex presidente della Società di Orticultura della Lombardia, il barone Pasino Bagatti Valsecchi, padre dell'attuale proprietario. Il giardino vecchio con il laghetto e la collezione di conifere,

IN ALTO: *il prato del giardino "nuovo", sotto la piscina.*
A DESTRA: *un angolo del giardino, dominato da antichi cipressi.*

felci, aceri, rododendri e i giardini rocciosi, si estende ad oriente della casa e guarda al di là della gola verso i monti Legnone, Grona e Grigna. Il pendio di fronte, piantato a pini, frassini e abeti, fa parte anch'esso della proprietà. Centinaia di metri al di sotto, scorre il fiume Sanagra e il rombo delle sue cascate si ode chiaramente nel giardino lassù in alto. Sui pendii scoscesi crescono pyracantha, berberis, erica, buddleia, *Chamaecyparis obtusa nana* e *Pinus mugo*, curati da coraggiosi giardinieri sospesi a funi. Il punto più alto e il punto più basso dei giardini distano tra loro centotrenta metri.

Il giardino nuovo rivela il profondo interesse per i fiori nutrito dagli attuali proprietari, l'architetto Pier Fausto Bagatti Valsecchi e sua moglie.

Passando da una porta nella loggia, si scende al terrazzamento più basso. Le terrazze, ristrutturate a prati aperti, originariamente erano coltivate ad ulivo; ora i vari livelli sono delimitati da cipressi e siepi. I muri di sostegno ospitano ciuffi di fiori e sostengono giardinetti rocciosi. Una rustica palizzata di legno corre lungo gli scalini che orlano la parte anteriore del dirupo. In primavera, le bordure sono adorne di iris perenni, rose, colombine, piante alpine, buddleia, lupini, phlox e fuchsie. Nella tarda estate e all'inizio dell'autunno sboccia una vasta collezione di dalie e di crisantemi coreani in vaso. Recentemente è stata aggiunta una piscina. Questo giardino è frutto dell'amorosa fatica dei suoi proprietari; il barone Bagatti Valsecchi è profondamente interessato alla storia e alla conservazione dei giardini e delle ville storiche italiane e fa parte del consiglio d'amministrazione del Fondo per l'Ambiente Italiano.

Questo giardino, estremamente romantico, si inserisce nella movimentata scenografia dell'ambiente circostante e punta su una attenta collocazione degli alberi, scelti in base alla forma e alle sfumature del fogliame.

IN ALTO: *le alture di Villa la Collina, sistemate a terrazza, che si affacciano sul lago di Como.*

Villa la Collina
Griante

TRA I PERSONAGGI importanti che trascorrono l'estate sul lago di Como, il primo Cancelliere della Repubblica Federale di Germania, Konrad Adenauer ha lasciato, delle sue visite annuali, duratura testimonianza. La sua villa, la Collina, è ora luogo di incontri internazionale e ospita la Fondazione Konrad Adenauer, costituita nel 1977.

Adenauer ebbe la fortuna di trovare un sito pieno di vita: la villa, che si trova nel villaggio di Griante, isolata dal traffico di Cadenabbia, con vista sul promontorio di Bellagio, fu costruita nel 1890 proprio in vetta alla collina. Adenauer in un primo tempo la prese in affitto da una famiglia francese, poi nel 1977 essa venne acquistata dalla Fondazione e divenne la "piccola Cancelleria" di Adenauer. Qui il cancelliere posò per i ritratti di Graham Sutherland e Oskar Kokoschka. La Collina divenne un centro di incontro per politici, scienziati, economisti e letterati. Adenauer amava passeggiare chiacchierando con gli ospiti o dettando le sue memorie sotto i lunghi pergolati coperti di rose che ombreggiano le terrazze sulle pendici della collina.

Il bel parco è folto di enormi pini e faggiuoli. Camelie, azalee e rose formano un piacevole contrasto con le palme ornamentali e le magnolie. Le logge della villa, che è dipinta in color nocciola, si affacciano sulle terrazze del giardino sottostante. Al di là del lago, si scorgono Bellagio e le montagne.

IN ALTO: *l'orizzonte della piccola piscina, che sfuma in quello del lago.*
A DESTRA: *alcune giare, un tempo usate come contenitori di olio d'oliva e oggi come vasi da piante, allineate lungo il sentiero*

Villa Carlotta
Tremezzo

A SINISTRA: *gli eleganti cancelli di Villa Carlotta incorniciano la fontana, circondata da alte siepi di lauro ceraso.*
IN ALTO E ALLA PAGINA SEGUENTE: *giardini rocciosi a Villa Carlotta.*

La primavera sul lago di Como, nella mente di molti innamorati dell'Italia, si associa senza dubbio a Villa Carlotta. Quando i rododendri e le azalee fioriscono sulla collina di Tremezzo lo spettacolo è straordinario.

I giardini furono progettati in due sezioni: i giardini classici all'italiana disposti su terrazze, che dal livello della strada salgono alla villa e il giardino paesaggistico all'inglese, che si estende lungo il lago a nord della villa. Si entra nel giardino all'italiana oltrepassando una spalliera di siepi, fitte ed alte, e si arriva ad una incantevole fontana ornata da un putto ed un delfino. La fontana si trova di fronte ad un cancello in ferro battuto che sembra un merletto e che una volta conduceva all'approdo delle imbarcazioni. A questo piccolo porto è dedicato il poema di Henry Wordsworth Longfellow, "By Sommariva's Garden Gate", dedicato alla perfetta bellezza del luogo, ammirato dal poeta, che amava sedersi sui gradini di marmo ad ascoltare il mormorio delle acque. Di fronte alla villa sorge una doppia scalinata che conduce alle strette terrazze, di destra e di sinistra. Una delle terrazze è coperta da un pergolato di aranci, fitto di fronde. Tralci di rose rampicanti e di vite selvatica corrono lungo la superficie dei muri di sostegno e nelle basse peschiere situate sulle piattaforme delle scalinate nuotano pesci rossi e tartarughe.

Il giardino all'inglese si raggiunge attraversando una radura che sembra una cupa giungla, fitta di felci. Poi si

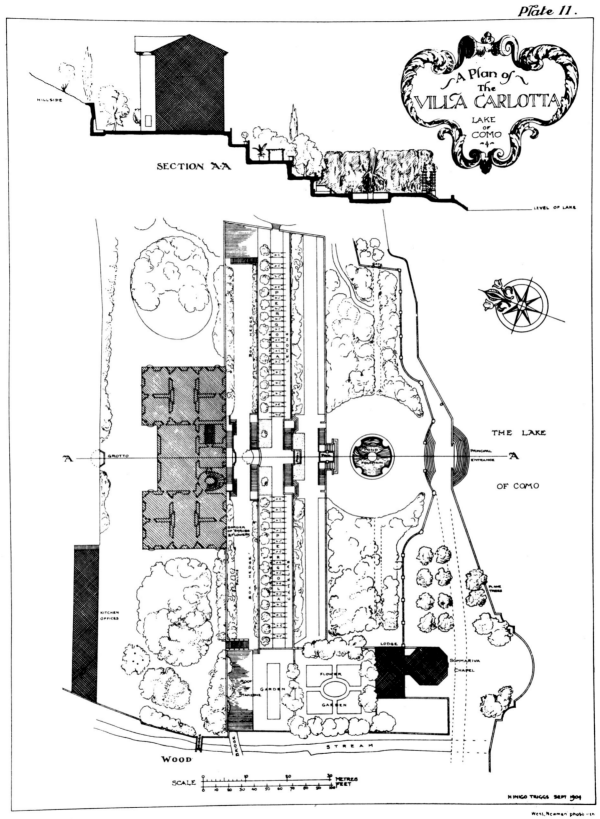

A SINISTRA: *Villa Carlotta è famosa per le azalee e i rododendri che fioriscono lungo i sentieri.*
IN ALTO: *pianta di Villa Carlotta da Triggs,* "Art of Garden Design", *1906.*

esce nel sole, e si incontrano alcuni sentieri che tagliano i viali, si inoltrano tra siepi di rododendri, arrivano a un belvedere e poi tornano indietro attraversando un prato aperto dove svettano diverse conifere, palme e altre piante esotiche. I fianchi della collina, in alto, sono coperti da giardini rocciosi. Qua e là si colgono scorci del lago, che conferiscono al giardino un ulteriore elemento di fascino.

Fin dall'inizio del diciannovesimo secolo, quando era di proprietà del conte Sommariva, la villa ha goduto di grande reputazione per l'ospitalità dei padroni di casa e perché contiene una collezione d'arte a cui sono ammessi i visitatori. Stendhal la descrisse come la "Casa Sommariva" ne "La Certosa di Parma". Oggi è un museo privato, che espone opere di Bertel Thorvaldsen, Antonio Canova e Francesco Hayez. Tra i dipinti, si trovano alcune tele del diciannovesimo secolo che raffigurano le antiche barche del lago e la villa *en fête*, illuminata dai fuochi d'artificio.

La villa fu costruita per servire come residenza estiva del marchese Antonio Giorgio Clerici tra il 1690 e il 1743. Clerici, banchiere milanese e presidente del Senato lombardo, lasciò la villa in eredità ad una sua discendente, Claudia Clerici, che nel 1795 sposò Giovanni Battista Sommariva di Lodi. Sommariva fece carriera politica sino a diventare, tra il 1880 e il 1882, presidente della seconda Repubblica Cisalpina. Dall'altra parte del lago, a Bellagio, il suo rivale politico Francesco Melzi, vice presidente della Repubblica Italiana napoleonica, stava in quegli anni creando la lussuosa Villa Melzi. Per non essere superato dal rivale, Sommariva abbellì la facciata della sua villa, aggiungendo l'orologio e le balaustrate del tetto ed ampliando il parco.

Nel 1840 sua nuora, rimasta vedova, vendette la villa, ma mantenne la proprietà della ex cappella Clerici, trasformandola nel mausoleo dei Sommariva. Pochi anni più tardi Villa Sommariva fu acquistata dalla principessa Marianna di Nassau, moglie di Albrecht di Prussia. La loro figlia Carlotta ricevette la villa come dono nuziale quando sposò il principe George, duca di Saxe-Meiningen e fu allora che la villa prese il nome di "Carlotta".

La principessa dava lussuosi ricevimenti e sul lago di Como divennero familiari le sue chiatte dai tipici colori verde e bianco. È opera sua il giardino all'inglese tanto ammirato ai nostri giorni, con le sequoie, i banani, le palme, centocinquanta varietà di rododendri, la *cryptomeria* giapponese, le orchidee tropicali, tutte specie esotiche che erano in voga presso i collezionisti e gli amatori dell'epoca. Durante la prima guerra mondiale Villa Carlotta, considerata proprietà di un paese nemico, fu confiscata dal governo italiano.

Ora la Villa è gestita da una società ed è aperta al pubblico.

Vegetazione tropicale a Villa Carlotta.

Villa la Quiete
Bolvedro

A SINISTRA E IN ALTO: *il giardino classico di Villa la Quiete visto dalla strada*.

Villa la Quiete, conosciuta anche come Villa Sola Cabiati, si erge orgogliosa sulla strada tra Bolvedro e Tremezzo. Quasi tutte le proprietà rivierasche, in questa parte del lago di Como, sono separate l'una dall'altra dai rispettivi moli di approdo, lungo la strada costruita all'inizio del secolo diciannovesimo. Queste ville si potevano raggiungere in passato con le mulattiere che percorrevano le colline retrostanti o, più agevolmente, dall'acqua. Gli scalini dell'approdo di Villa la Quiete discendono con curve graziose e si prova l'impulso irresistibile di correre giù fino allo specchio d'acqua, dove sono attraccate un paio di tradizionali barche "lucia".

Il giardino è proprio al di là della strada, dietro ad una preziosa cancellata. Possiede una caratteristica che lo rende unico: il parterre barocco, disegnato ad arabeschi tracciati con ciottoli e aiuole. In queste aiuole, all'inizio della primavera, sbocciano le viole del pensiero, rimpiazzate più tardi dalle begonie. Rose rosa rampicanti si intrecciano ai pali dei lampioni. Questo giardino ad impianto geometrico, che risale al diciottesimo secolo, è stato mantenuto intatto, e ciò costituisce un'eccezione, perché la tendenza generale, sui laghi, è di ristrutturare i giardini in un approssimativo stile inglese.

Il blocco centrale della villa fu costruito all'inizio del diciottesimo secolo dalla duchessa del Carretto, piemontese. In seguito la proprietà passò alla famiglia Brentano; da questa al duca Gian Galeazzo Serbelloni, la cui residenza principale era Villa Serbelloni, dall'altra parte del lago, a Bellagio. Villa la Quiete venne usata come dépendance quando c'erano ospiti in soprannumero e per nove estati ospitò il figlio del duca e il suo tutore, il poeta Giuseppe Parini. Si dice che l'abate Parini abbia composto qui parte del poema "Il Mattino," in cui insegna le buone maniere al "giovin signore".

La villa passò in linea femminile, per matrimonio, alle famiglie Busca e Sola. Ora è proprietà della contessa Sola Cabiati.

IN ALTO: *la scalinata che scende al lago di fronte alla villa.*
A DESTRA: *gli arabeschi del parterre barocco.*

Villa Melzi
Bellagio

A SINISTRA: *il chiosco in riva al lago in cui Franz Liszt s'intratteneva con la contessa d'Agoult.*
A DESTRA: *Villa Melzi agli inizi del diciannovesimo secolo, in un'incisione di Wetzel.*
ALLA PAGINA SEGUENTE: *il laghetto delle ninfee, sul terrazzo di fronte al lago.*

Villa Melzi è un monumento allo stile neoclassico. Nella villa, nella cappella e perfino nel giardino, regna la più fredda e razionale precisione. Nonostante sia meta ogni anno di migliaia di visitatori, il luogo è mantenuto meticolosamente intatto grazie alle attenzioni del proprietario, il conte Lodovico Gallarati-Scotti. Il suo antenato Francesco Melzi d'Eril, duca di Lodi, amico personale di Napoleone, diede un importante contributo all'indipendenza e all'unità d'Italia. Fu Francesco che costruì la villa tra il 1808 e il 1810 e piantò i primi alberi, un cedro del Libano ed un pioppo gigante che sopravvivono ancora oggi. Francesco Melzi affidò allo scultore Giovanni Battista Comolli la costruzione delle tombe nella piccola cappella all'estremità del giardino. Comolli scolpì anche il grande gruppo statuario di Dante e Beatrice che sorge vicino a un chiosco moresco in riva all'acqua, opera che si dice abbia ispirato Franz Liszt nel comporre la "Sonata a Dante". Più probabilmente, ad ispirare Liszt fu la sua amante, la contessa d'Agoult, che amava leggere la Divina Commedia in quel chiosco romantico, quando entrambi erano ospiti della villa.

La lista degli ospiti illustri di Villa Melzi è assai lunga: Stendhal, Metternich, gli imperatori austriaci Ferdinando e Francesco Giuseppe I, il viceré Eugène de Beauharnais e l'imperatrice Maria Fedorovna. Sulla riva s'innalzano due magnifici pini Montezuma, due esemplari enormi che si crede siano stati spediti dal Messico, insieme ad altri giovani alberi, dallo sfortunato imperatore Massimiliano.

IN ALTO: *un cipresso, un pino Montezuma e le begonie.*
A DESTRA: *in maggio, le pendici di Villa Melzi sono sommerse di azalee e rododendri; il lago è fiancheggiato da un viale a capitozzo.*

Di quel che fu il giardino originario, rimane intatta la parte di fronte alla villa, con le statue di Apollo e Meleagro, opera del pupillo di Michelangelo, Guglielmo della Porta. Il tono freddo e misurato della terrazza ad emiciclo di fronte al lago è messo ulteriormente in risalto dal viale di platani cimati a capitozzo, che incornicia la villa lungo la riva. L'atmosfera cambia, però, nel piccolo giardino giapponese con il laghetto vicino all'entrata e la grotta artificiale che contiene manufatti etruschi. Attualmente il giardino non è di vaste dimensioni; tuttavia esso è estremamente vario, con i numerosi punti panoramici dai quali, al di là del giardino, lo sguardo si spinge al lago, agli uliveti e alle montagne lontane, incappucciate di neve. Il giardino vive un periodo di grande splendore nel mese di maggio, quando la fioritura delle azalee, delle camelie e dei rododendri illumina con una cascata di colori i pendii dei prati. In ogni stagione merita una visita l'eccezionale collezione di alberi, accuratamente etichettati.

Villa Trotti

San Giovanni

A SINISTRA: *un muro coperto di glicine, sul lato orientale di Villa Trotti.*
ALLA PAGINA SEGUENTE: *dal ponte di Villa Trotti si vede l'adiacente Villa Melzi.*

Oltre Villa Melzi e Villa Trivulzio, si trova Villa Trotti. Nella catena di ville imponenti, ciascuna con importanti giardini all'inglese, Villa Trotti e Villa Trivulzio sono di fatto connesse da un piccolo ponte di ferro gettato su un torrente, un ricordo di quando entrambe erano proprietà del conte Gerli.

Ora suddivisa in appartamenti in condominio, la villa è una delle più vecchie di questa zona. Fu ricostruita nel diciottesimo secolo e poi rifatta nel 1850 in stile moresco. Si affaccia ad ovest; il parapetto lungo il percorso che conduce all'approdo è ricoperto di glicini. La paternità del progetto del parco paesaggistico all'inglese spetta al marchese Ludovico Trotti-Bentivoglio, la cui moglie fu dama di compagnia della regina d'Italia Margherita. Negli splendidi viali di platani, sullo sfondo di alte siepi di carpine, in questo giardino passeggiarono molti ospiti di rilievo. Tra essi, il romanziere Alessandro Manzoni, il poeta Giuseppe Giusti, il Principe Massimiliano e Francesco I d'Austria.

Sul lato nord della villa si stende un vasto prato, con alcune piante notevoli: una grande magnolia, un enorme rododendro rosso, un *Acer negundo*, un gruppo di pini e *Fagus sylvatica*. Specialmente importanti, una rara *Quercus stenophilla* e alcuni esemplari spettacolari di *Cedrus atlantica*. Nei pressi del cancello d'ingresso prospera un fitto boschetto di bambù; sulla riva del lago, altri bambù e *Trachycarpus fortunei*. Il giardino era famoso anche per la

IN ALTO: *i gradini d'approdo di Villa Trotti.*
A DESTRA: *questo ponte collegava un tempo i due parchi di Villa Trotti e di Villa San Giovanni.*

sua vegetazione tropicale e per un padiglione estivo alla giapponese che sorgeva su una piccola isola circondata da piante acquatiche. Enormi fuchsie un tempo bordavano i sentieri.

Il parco della Villa Trotti-Bentivoglio è un rifugio di quieta bellezza in primavera, quando fioriscono i glicini, le azalee e i rododendri.

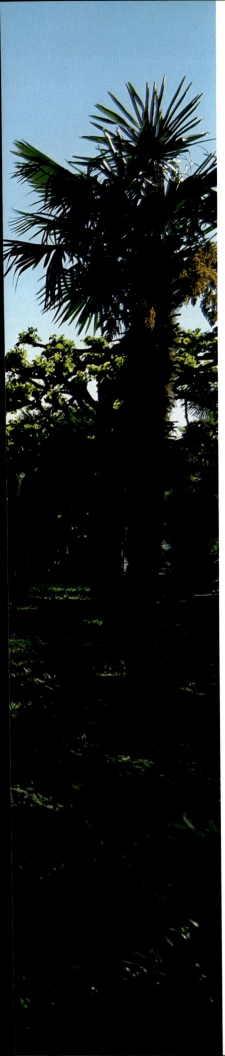

Grand Hotel Villa Serbelloni

Bellagio

A SINISTRA: *azalee nella tarda primavera.*
IN ALTO: *la scalinata del giardino a terrazza.*

Il GRAND HOTEL VILLA SERBELLONI, che occupa l'estremità settentrionale della città, assomiglia ad una vecchia dama estremamente sicura di sè, con l'eleganza di un'era passata. L'albergo fu costruito in origine per una famiglia milanese, i Frizzani. Nel 1854 venne eretto il blocco centrale, progettato dell'architetto Vantini. Più tardi, vennero aggiunte le due ali, per creare un hotel lussuoso, destinato a una clientela regale. Intorno al 1870 venne aperto il Grand Hotel Bellagio. Infine, all'epoca della seconda guerra mondiale, ne fu cambiato il nome in Grand Hotel Villa Serbelloni, in omaggio alla Villa Serbelloni che si trova più in alto sul promontorio.

Nei giardini si trovano la darsena e la terrazza a parterre classico situata al livello più basso, che risale al periodo della famiglia Frizzani. Circa vent'anni fa alla terrazza fu sottratta una parte del parterre per far posto alla piscina. Due scalinate gemelle con balaustra salgono dalla spiaggia al livello del partèrre e ascendono sinuosamente alla terrazza superiore, dove si trova l'albergo. I giardini, nel corso degli anni, sono stati ridotti per far spazio alla costruzione di altri edifici. Un sentiero tra le palme, oltrepassando i pendii coperti di azalee, si snoda lungo la riva e termina sul luogo in cui sorgeva un bagno romano, segnalato da un piccolo padiglione. Questo bagno veniva un tempo riempito dalle periodiche piene del lago. Nel corso degli anni le piene cessarono cosicché l'acqua divenne stagnante e il ba-

gno alla fine fu coperto. Dalle terrazze che guardano il lago si gode una splendida vista della Tremezzina, un gruppo di piccole città allineate sulla riva di fronte a Bellagio. Le terrazze sono inondate di sole e i giardini traboccano di tralci fioriti e di rose durante tutti i mesi estivi.

ALLA PAGINA PRECEDENTE E A DESTRA: *dal parterre della terrazza sotto l'albergo si gode una splendida vista della Tremezzina.*

Villa Serbelloni
ora Fondazione Rockefeller
Bellagio

A SINISTRA: *la tenuta di Villa Serbelloni.*
IN ALTO: *Villa Serbelloni in un'incisione di Wetzel.*
ALLA PAGINA SEGUENTE: *il ramo di Lecco del lago di Como, visto dai giardini a terrazza.*

Villa Serbelloni, ora sede della Fondazione Rockefeller, ha una storia lunga, romantica e molto varia. Il parco è il più vasto del lago di Como, e può vantare la peculiarità di aver introdotto per la prima volta tra la flora del lago una grande varietà di nuove piante.

Bellagio è, secondo la tradizione, il luogo in cui sorgeva la Tragœdia, la villa costruita da Plinio il Giovane nel 63 d.C. La cima del promontorio si leva alta sul lago, separandone i due bracci, di Como e di Lecco. Il nome dato alla villa, La Tragœdia, allude all'abitudine degli attori tragici Romani di portare calzari con tacchi molto alti che aumentavano la loro statura sulla scena.

La riva del lago fu collegata alla collina costruendo ottocento gradini di granito; dalla sommità di questa scalinata, nel medioevo, narra la leggenda, la contessa di Borgomanero buttava giù i suoi amanti in disgrazia. In quell'epoca, sul fianco della collina sorgeva una roccaforte pirata. Il castello venne distrutto per ordine di Galeazzo II, capo della potente famiglia Visconti.

Una descrizione della proprietà, che risale al 1449, quando essa apparteneva al marchesino Stanga, ricorda un giardino, probabilmente di natura strettamente utilitaristica. Stanga piantò degli alberi su quella che allora era una collina spoglia. Oggi essa è coperta da una foresta di castagni, pini e faggi che più in basso, verso la città di Bellagio, lasciano il posto a distese di vigneti e uliveti. Olivi e altri

alberi da frutta, compresi fichi, cedri e aranci, esistevano qui dal 1558. La famiglia Sfondrati ereditò la proprietà dagli Stanga e costruì la villa attuale nel 1605. Un visitatore, Filippo Meda, descrisse nel 1636 la *Olea fragrans* e i profumi autunnali del ginepro, dell'abete, della quercia, del castagno, dell'olivo, e parlò dei muri a secco inondati di sole, nascosti da alberi di pero che si accompagnavano a tutte le specie di cotogni e melograni. I sentieri del giardino, tracciati in ordine decrescente, erano fiancheggiati da roseti e alberi da frutto e da gustosi capperi. La villa fu trasformata dal duca Alessandro Serbelloni, che la ereditò dall'ultimo degli Sfondrati nel 1788. Collezionista di rare varietà di piante, diede ai giardini l'aspetto che oggi vediamo; le piccole terrazze classiche sotto la villa risalgono alla sua epoca.

Nel 1875 nel giardino della Villa Serbelloni furono introdotte, per la prima volta sul lago di Como, le magnolie, le mimose, gli oleandri rosa, i cedri e le palme. Tra il 1868 e il 1885, la Villa Serbelloni venne data in affitto all'Hotel Gran Bretagna per fungere da dépendance per gli ospiti in soprannumero e in seguito, per lo stesso motivo, servì come dépendance del Grand Hotel Bellagio dal 1905 al 1930. Gabriel Fauré, che vi soggiornò nel settembre del 1908, scrisse "L'amour sous les lauriers-roses" sul terrazzo ombreggiato da una quercia che ha ora sette o ottocento anni e prospera ancora. Fauré descrisse le sue passeggiate pomeridiane lungo i sentieri tra i rampicanti, le camelie, le magnolie, i mirti, "i melograni dai tronchi nodosi come funi contorte", gli aranci, i limoni, "i cacti d'acciaio blu, eretti come spade, le grandi aloe dalle foglie carnose ... Gli oleandri curvi sotto il peso dei mazzi dei loro fiori ... La terra surriscaldata e i ciuffi di fiori che emettono nuvole di aromi e profumi come quelli che si respirano nelle mattinate calde, nella umida atmosfera del Mercato Nuovo di Firenze. E sopra tutte queste esalazioni la *Olea fragrans* diffonde il suo potente aroma: nessun albero fiorito emette un profumo più sottile e pervasivo di questo olivo dell'estremo Oriente che è stato acclimatato su queste spiagge" (Millard, *The Italian Lakes*, 1958).

Un'ereditiera americana, la principessa della Torre e Tasso, nata Ella Walker, acquistò Villa Serbelloni nel 1930. Nel 1959 la donò alla Fondazione Rockefeller perché fosse usata come centro internazionale di studi e conferenze. La fondazione ha rimosso un buon numero di alberi danneggiati dalle tempeste e permette al pubblico di visitare i giardini. Grandi motivi di attrazione, nella proprietà, sono il sito, la splendida vista che si gode in tutte le direzioni e la varietà degli alberi nel vasto parco.

Le terrazze che si stendono al di sotto di Villa Serbelloni: qui, le piante sempreverdi dei giardini all'italiana appagano l'occhio in tutte le stagioni.

Villa il Monastero
Varenna

A SINISTRA: *Villa il Monastero, vista dai sentieri del giardino adiacente, che appartiene a Villa i Cipressi.*
IN ALTO: *la villa domina i due rami del lago di Como e la Punta di Bellagio.*

Il sito in cui sorge Villa il Monastero, come quello di Villa i Cipressi, ospitò l'insediamento dei rifugiati costretti a lasciare l'isola Comacina, quando l'imperatore del Sacro Romano Impero, Federico Barbarossa, invase l'isola con le sue truppe. Nel 1208, le monache cistercensi di Santa Maria Maddalena costruirono qui il loro monastero. Esse avevano la missione di far proseliti tra le peccatrici pentite, ma con il tempo il loro comportamento divenne così discutibile che San Carlo Borromeo intervenne nel 1569, con il Papa Pio V, per chiudere il convento.

Poco dopo, l'edificio venne acquistato da Paolo Mornico, il cui figlio Lelio spese somme ingenti per trasformarlo. Tra il 1609 e il 1616 Lelio Mornico creò il giardino, ampliando l'area di fronte al lago con terra di riporto. Il delizioso giardino di Mornico fu lodato da Sigismondo Boldoni nell'opera "Larius", pubblicata nel 1617. La proprietà divenne nota come Villa Laelia, dal nome del proprietario.

Il poeta secentesco Luigi Rusca, nel poema "Il Monastero, Loco Ameno del Signor Lelio Mornico," espresse un dubbio: doveva descrivere la villa come dimora per i mortali o per gli dei?

Nel 1899 ne divenne proprietario un tedesco, Walter Kess, che restaurò la casa e il giardino acquistando poi nel 1904 un'altra porzione di proprietà per creare verso Fiumelatte una lunga passeggiata che terminava in un chiosco. Lo

A SINISTRA: *la darsena e i giardini a terrazza di Villa il Monastero.* IN ALTO: *il giardino è ornato con profusione di statue decorative.*

scrittore Antonio Fogazzaro, spesso ospite in villa, ne fece lo scenario di una sua commedia, "Nadejde". Con la prima guerra mondiale, Villa il Monastero fu confiscata dal governo italiano. In seguito divenne proprietà di Marco de Marchi, che la lasciò allo Stato perché venisse usata come centro di studi scientifici. Enrico Fermi vi insegnò fisica, come ricorda una iscrizione in latino che ricorda gli *atoma volventia*, ovvero la bomba atomica. Insieme all'adiacente Villa i Cipressi, il Monastero continua ad essere adibita a sede di conferenze.

La villa è schiacciata contro un ripido pendio e una lunga terrazza costeggia la riva del lago. Pezzi di antichi frammenti architettonici spuntano da ogni canto e da ogni buca: vecchie vere da pozzo, colonne a tortiglione che in-

corniciano il panorama e iscrizioni. Una scalinata monumentale e ripidissima che conduce a un piccolo tempio neoclassico, ha le balaustrate copiate da quelle di Villa Balbianello. Su un sentiero più in alto spicca un gruppo scultoreo, "La Clemenza di Tito", lasciato incompiuto alla morte dell'artista, Giovanni Battista Comolli, nel 1830. Questa scultura originariamente proveniva dalla Villa Bagatti Valsecchi di Cardano.

In maggio, lungo la riva serpeggia il glicine. Rose di color rosa pallido contrastano con il rosso degli aceri giapponesi e con i cipressi scuri. Nel giardino si trovano palme, canfora, diversi alberi di agrumi e oleandri, ma l'orgoglio del luogo è una magnolia vecchia di trecento anni.

Villa i Cipressi
Varenna

A SINISTRA: *ninfee, rose, peonie, acanthus e magnolie, piantati in riva al lago.*
IN ALTO: *la vasca del cortile, dove guizzano i pesci rossi, è sovrastata da una fontana con putto.*

Quando sul lago di Como, il sole si sposta con l'avvicendarsi delle stagioni, il clima della città di Varenna subisce cambiamenti notevoli. In estate, ci si deve rifugiare sotto i portici vicino al molo per sfuggire il sole che scotta; in inverno, la temperatura è rigida, con venti gelati e sole debole. Eppure, i giardini di due ville adiacenti, che condividono una delle più belle viste del lago, prosperano rigogliosi. Varenna è di fronte alla Punta di Bellagio, la cui penisola separa le acque di Lecco e di Como. Dai sentieri dei giardini a terrazza di Villa il Monastero e Villa i Cipressi, in riva al lago, si gode per l'appunto il panorama.

Il giardino di Villa i Cipressi è formato da una serie di terrazze discendenti. C'è una progressione di spazi ombreggiati e spazi aperti, tortuosi sentieri di ciottoli e alcuni belvedere. In primavera, i muri e le ringhiere dei balconi sono tappezzati di glicine, il cui color lavanda pallido contrasta con gli scuri imponenti cipressi allineati lungo la scalinata principale. La spiaggia s'incurva ad est verso Villa il Monastero e le due ville sono collegate da una cortina ininterrotta di cipressi. Affondato accanto alla darsena di Villa i Cipressi, c'è un giardino traboccante di rose, ortensie e peonie. Sotto gli alberi di magnolia fiorisce l'acanto. La villa ha una lunga storia che risale all'evacuazione dell'isola Comacina, la cui popolazione, nel 1169, fuggì all'arrivo delle truppe di Federico Barbarossa, imperatore del Sacro Romano Impero. La famiglia Serponti fuggì da Comacina e si stabilì qui. Il baro-

121

ne Isimbardi, direttore della zecca di Milano, comprò la proprietà all'inizio del diciannovesimo secolo. La Villa, poi adibita ad albergo sotto la famiglia Venini, ospitò nel 1838 l'imperatore austriaco Ferdinando. Prima della guerra mondiale del 1915-'18, divenne proprietà di sir Richard Sutton e rimase in possesso di altri membri della sua famiglia fino alla fine degli anni '30, quando fu acquistata dall'editore Accame. Dal 1980 appartiene alla città di Varenna e, insieme con la confinante Villa il Monastero, è adibita a sede di un'istituzione scientifica e culturale che ha preso il nome di Associazione Villa i Cipressi.

Racchiuso da tre lati della villa, c'è un cortile, in cui si legge un'iscrizione tratta da un poema di Christopher Marlowe, che parla di acque precipiti alle cui cascate melodiosi uccelli cantano madrigali. Il panorama del lago è incorniciato da una pergola coperta di tralci di vite, che, insieme alla fontana stillante al centro del cortile, è prediletta dagli uccelli del lago.

IN ALTO: *la loggia del cortile, coperta d'edera.*
A DESTRA: *i sentieri sulla collina sono orlati di agave e di glicine.*
ALLA PAGINA SEGUENTE: *araucaria, cipressi e magnolie in riva al lago; in lontananza, si scorge Villa il Monastero.*

Il lago Maggiore

I Romani chiamavano il lago Maggiore Lacus Verbanus, probabilmente con riferimento alle sue rive coperte di boschi; era questo un nome più adatto di quello attuale di lago Maggiore, perché esso non è, in realtà, il lago più grande d'Italia.

Il lago Maggiore è lungo sessantaquattro chilometri ed è il più occidentale dei grandi laghi italiani. Il quindici per cento della sua superficie appartiene alla provincia svizzera del Ticino; sulla riva a sud-ovest, si trova la città italiana di Arona, sull'estremità nord è sita la città svizzera di Locarno. In Italia il lago segna il confine tra il Piemonte e la Lombardia. Forse il nome "Maggiore" deriva dal fiume Maggia, che alimenta il lago da nord e scorre in esso fino a sfociare nel Po. In confronto ai laghi di Como e di Garda, il lago Maggiore si caratterizza perchè è più ampio, meno chiuso, delimitato a settentrione dai lontani picchi delle Alpi Lepontine.

John Ruskin, tra tutti i laghi del nord, preferiva il lago Maggiore. Forse anch'egli rimase conquistato, come tanti altri visitatori, dalle isole Borromee, che punteggiano l'area più ampia del lago. In effetti, sia viste dalle rive di Stresa e Baveno che dalle alte pendici del monte Mottarone, queste isole donano al paesaggio un tocco di pura fantasia. È un incanto il giardino dell'Isola Bella, disposto su dieci ripiani, a forma di torta nuziale, ancorato ad una estremità al suo palazzo barocco. L'Isola dei Pescatori è un villaggio che sembra la scenografia di un'opera lirica; i suoi abitanti si riuniscono alla sera sul molo per saltare la corda, dopo la partenza degli ultimi battelli turistici. La terza isola, Isola Madre, è coperta da un va-

IN ALTO: *all'Isola dei Pescatori, alcune "lucie", le tipiche barche da pesca.*
A DESTRA: *una viuzza dell'Isola Madre.*

sto giardino, meno classico e schematico di quello della sua vicina, l'Isola Bella. Di notte la grande villa vuota si erge a fare da sentinella per gli stormi di uccelli esotici, molto decorativi, che vivono su quest'isola.

Nel corso dei secoli, il lago è stato teatro di molte lotte di potere. Le rovine dei due castelli di Cannero, che sorgevano a una certa distanza dalla costa di Cannero, erano una volta collegate da un ponte levatoio. Nel quindicesimo secolo i due castelli furono il quartier generale dei cinque fratelli Mazzardi, briganti che terrorizzavano le popolazioni del lago. Per riuscire a sottometterli, il duca Filippo Visconti alla fine spedì una forza speciale di quattrocento uomini. I fratelli Mazzardi resistettero per due anni, barricati nei loro castelli. Nel 1439 il duca Filippo trasferì a Vitaliano Borromeo il titolo di proprietà di quasi tutti i possedimenti dei Visconti sul lago Maggiore, compresi i castelli che finalmente era riuscito a strappare ai Mazzardi. In seguito, nel 1450, i Visconti gli lasciarono anche la fortezza in Angera, dando ai Borromeo il virtuale controllo del lago.

Durante i moti per l'indipendenza italiana del secolo scorso, Giuseppe Garibaldi combatté a Laveno le forze austriache asserragliate in una fortezza. Proprio sul lago Maggiore fu eretto il primo fra i tanti monumenti dedicati a Garibaldi: si trova a Luino e commemora la costituzione, in questa città, di un nuovo esercito, dopo la sconfitta di Custoza.

Oltre a San Carlo Borromeo, che nacque ad Arona nel castello di famiglia, il lago Maggiore vanta tra i suoi figli il pittore Bernardino Luini, nato a Luino, e il comandante in capo delle forze armate italiane della prima guerra mondiale, il maresciallo Luigi Cadorna, nato a Pallanza.

Tra i personaggi importanti che trascorrevano l'estate sul lago Maggiore, c'è lo scrittore Alessandro Manzoni, che visse a Lesa nella villa Stampa oltre che a Cerro del Lago Maggiore. Il direttore d'orchestra Arturo Toscanini spesso soggiornava sull'isola San Giovanni.

A parte le proprietà dei Borromeo, quasi tutte le ville importanti risalgono alla seconda metà del diciannovesimo secolo, quando la regina Margherita e il re Umberto I trasferivano ogni anno, per un certo periodo, la loro corte a Stresa. La regina Vittoria soggiornò in una villa nella città vicina, Baveno. Altre ville graziose sorgevano nei pressi di Belgirate, Meina, Griffa, Cannero e Verbania.

La grande attrattiva del lago Maggiore, al di là della sua naturale bellezza, è il clima; alcune parti del lago, in inverno, sono estremamente riparate, come Cannero, nota come la Riviera di Cannero, che non conosce il vento fastidioso e la polvere delle Riviere francese e italiana. Grazie al clima mite e all'abbondante disponibilità d'acqua, nella seconda metà del diciannovesimo secolo l'area intorno a Pallanza divenne famosa per i suoi vivai di piante. Era l'epoca delle esplorazioni botaniche e dell'interesse per nuove piante esotiche. Molte specie botaniche apparvero in Italia per la prima volta proprio sul lago Maggiore, soddisfacendo le

IN ALTO: *i tetti di Stresa*.

richieste dei residenti estivi, sensibili alla moda. Di quella tendenza d'allora, beneficiano oggi i parchi e i giardini del lago Maggiore. Gli alberi piantati all'epoca per sfoggiare una ricca gamma di tinte e di strutture, ai nostri giorni hanno raggiunto la piena maturità e si presentano in tutta la loro magnificenza. I rododendri e le azalee si diffusero in tutto il lago; l'Isola Madre e Villa Taranto vantano collezioni eccezionali di questi arbusti.

IN ALTO: *le Isole Borromee.*
ALLA PAGINA SEGUENTE: *il lago Maggiore visto dal monte Mottarone.*

metri dalla riva e si elevano di circa venti metri sopra il livello del lago. Una piccola terrazza serve come piattaforma-belvedere per ammirare il panorama. Molto spesso il giardino è cintato da una balaustrata che lo separa dalla strada principale che corre lungo il lago. Oltre alle collezioni di alberi e piante rari, nelle ville si trovano sovente serre per la coltivazione di orchidee e di fiori da aiuola.

Stendhal così espresse la sua ammirazione per questo lago: "Se hai un cuore e una camicia, vendi la camicia e visita i dintorni del lago Maggiore" (Binda, *Romantico Lago Maggiore*, 1990).

I giardini del lago Maggiore vennero creati nello stile della Belle Epoque, mischiando l'arte con la natura: così, si scavarono grotte artificiali, si costruirono aspri sentieri tra le rocce e le gole apparentemente naturali, si progettarono con cura ruscelli e specchi d'acqua attraversati da piccoli ponti. Mancavano, nei giardini, ampi spazi regolari e per questo si preferivano alla struttura classica progetti in stile naturalistico. Di solito le ville sono arretrate di cinquanta

La parte posteriore dell'anfiteatro e le torri che ospitano le pompe idriche, all'estremità meridionale dell'Isola Bella.

Isola Bella

Nelle giornate di nebbia, l'Isola Bella sorge dalle acque del Lago Maggiore come un miraggio. Vista dalla costa, sembra una torta nuziale di dieci piani o una nave con molti ponti. Ad una estremità dell'isola si scorge il palazzo barocco dei Borromeo, che sovrasta un porto non terminato. In realtà il piano originale era di dare alla piccola isola (lunga meno di quattrocento metri) la forma di una nave: l'estremità settentrionale doveva essere la prua e una guglia torreggiante sul palazzo avrebbe dovuto rappresentare l'albero maestro.

Per raggiungere i giardini bisogna passare attraverso le vaste stanze del palazzo. In una stanza costruita a imitazione di una grotta, incrostata di conchiglie e corallo, si può ammirare un modellino in scala dei giardini. Dal salone degli arazzi si accede ad un piccolo cortile rotondo. Il Cortile di Diana e l'adiacente Teatro di Ercole sono soltanto un preludio alle terrazze sovrastanti, e sono situati in modo da condurre il visitatore lungo un asse centrale, che attraversa i parterre per raggiungere l'anfiteatro. Su questa scenografia architettonica, abbondano le statue, collocate in nicchie scolpite che culminano con obelischi e con un unicorno, l'emblema dei Borromeo. L'anfiteatro si trova quattro terrazze al di sopra dell'area a parterre e quindi, da questo belvedere, si gode un panorama spettacolare. Alle sue spalle, c'è un altro parterre dal classico impianto all'italiana che si estende fino alla punta meridionale dell'isola dove si trova-

ALLA PAGINA SEGUENTE: *il piccolo parterre classico dietro l'anfiteatro.*
IN ALTO: *l'Isola Bella in un'illustrazione tratta da* Ville di delizie *di Dal Re (1726).*

no le pompe che forniscono l'acqua al giardino. Il sistema idraulico fu escogitato dall'ingegnere romano Mora-Torreggia.

L'isola deve il suo nome ad Isabella, moglie del conte Carlo Borromeo III. Nel 1632, il conte fece livellare il terreno e diede inizio ai lavori affidati all'architetto Angelo Crivelli. Suo figlio, il conte Vitaliano IV, finì il giardino nel 1671, sotto la guida degli architetti Carlo Fontana e Francesco Castelli.

Il vescovo Gilbert Burnet visitò i giardini nel 1685, e li descrisse in *Some Letters* come "certo i più bei tratti di terra a questo mondo, in tutta l'Italia nulla è paragonabile a questi giardini, da cui lo sguardo spazia su tutto il lago e dove il terreno sale così dolcemente che non si può immaginare niente di simile a queste terrazze". Nel primo lustro del diciottesimo secolo, le terrazze erano ancora scarse di vegetazione se paragonate alla fioritura lussureggiante che troviamo oggi. Tuttavia già nel 1730 Charles de Brosses rimase impressionato dai gelsomini, aranci e melograni che crescevano ad ogni livello. Ora c'è un'ampia varietà di piante e di fiori, compresi orchidee, rododendri, azalee, oleandri, camelie, *Taxus baccata, Laurus camphora*, querce da sughero, alberi del pane, del té e del caffè. Questi alberi già da molto tempo hanno raggiunto dimensioni tali da risultare sproporzionati rispetto alle terrazze, compromettendo la nitidezza dell'architettura dei giardini.

L'esotico splendore dell'Isola Bella ammaliò per due giorni Napoleone e il suo seguito nell'agosto del 1797, dopo la conquista dell'Italia nella battaglia di Marengo. Viene da chiedersi che cosa avrà pensato Napoleone del motto di famiglia dei Borromeo, *Humilitas*, tracciato su un parterre a *broderie*. I profumi che aleggiano sulle terrazze e i pavoni bianchi appollaiati sulle balaustre sembrano rimasti immutati nel tempo.

A SINISTRA: *il Piazzale della Cappella.*
IN ALTO: *pavoni bianchi in posa tra le azalee.*

Isola Madre

L'Isola Madre, la più grande delle proprietà dei Borromeo, è meno pubblicizzata dell'Isola Bella. Mentre l'Isola Bella colpisce per la pompa teatrale e l'inventiva, l'Isola Madre incanta per la sua naturalità. Qui la primavera porta un'esplosione di colori; contribuiscono ad impreziosire il suo fascino gli uccelli esotici e gli scorci del lago incorniciati dal fogliame. Per la grande varietà della sua flora, l'isola è la delizia dei botanici. A differenza delle altre isole Borromee, l'Isola dei Pescatori e l'Isola Bella, l'Isola Madre non è abitata da residenti. Al crepuscolo, l'unico ristorante chiude, si serrano i cancelli del giardino e l'ultimo ferry-boat salpa verso Pallanza. La villa è piena di marionette e bambole antiche; nella sua cappella, riposano i defunti della famiglia Borromeo. Vista di sera dall'Isola dei Pescatori, l'Isola Madre appare sull'acqua indistinta, silente e oscura.

In primavera, i piccoli dei fagiani cinesi vagano sui prati cosparsi di boccioli di camelia mentre pavoni bianchi come la neve trascinano la lunga coda sull'erba lussureggiante. Nel 1797, Napoleone venne qui per tirare a un paio di fagiani; oggi i fucili tacciono.

L'isola è sistemata a terrazze, circondate da sentieri che guidano il visitatore alla vasta collezione di piante e di alberi notevoli. Eccezionali sono le azalee, le magnolie e le siepi di camelia. Dietro la villa c'è uno spettacolare cipresso del Kashmir, che domina il prato. Sulla riva svetta una palma

IN ALTO: *cascata di fiori su un'antico pozzo.*
A DESTRA: *una scalinata coperta d'edera conduce all'ingresso della villa.*

ALLA PAGINA SEGUENTE: *il laghetto delle ninfee e la scalinata; sul Piazzale, una siepe di camelie.*

torreggiante, la *Jubaeae spectabilis*, che ha più di 125 anni. Ogni albero dell'isola è il più grande esemplare della sua specie esistente in Europa.

Nel lontano passato l'isola fu un luogo di meditazione ed era chiamata isola di San Vittore. Fu acquistata nel 1501 da Lancellotto Borromeo che costruì la villa e progettò i giardini. Più tardi, San Carlo Borromeo venne qui a predicare nella cappella del diciottesimo secolo. Il suo nome attuale, Isola Madre, risale soltanto al 1600.

A SINISTRA: *le ombrose scalinate che collegano le terrazze.*
IN ALTO: *una bordura fiorita lungo i gradini dell'approdo.*

Villa Pallavicino
Stresa

A SINISTRA: *un angolo del giardino d'ingresso, in stile classico.*
IN ALTO: *l'ottocentesca Villa Pallavicino.*

𝓘 TERRENI DI VILLA PALLAVICINO sono uno strano mélange: un giardino zoologico e zone d'ombra profonda popolate da antichi esemplari arborei si alternano con prati aperti, campi e giardini classici. L'aggiunta utilitaristica dello zoo, creato nel 1952 per speculazione commerciale, rovina l'armonia del bel parco e le piccole zone sistemate a giardino classico.

Dentro al giardino, l'attrattiva delle acque del lago è sminuita dallo spettacolo dei torrenti vorticosi che precipitano in cascate dai fianchi verdeggianti delle colline. Eppure, in diversi punti, sono state approntate accurate scenografie per valorizzare il lago sottostante. Per esempio, c'è una fila di delicati cipressi che s'incurva formando una serie di archi, tanto da dare l'impressione di un chiostro aperto sul lago. Vicino, alcune aiuole fantasiose e una fontana gorgogliante aggiungono un tocco di vivacità. Sul pianoro sovrastante la villa, si trova una seconda area strutturata in modo classico, che consiste in un ampio giardino di rose a parterre con piccole vasche rettangolari e un canale. È di gusto francese. In quest'area fioriscono glicini, magnolie, oleandri, azalee e rododendri, mentre pavoni e fagiani passeggiano lungo i sentieri coperti di ghiaia. Accanto alla serra, un portale di marmo con balaustrata circoscrive con eleganza un altro panorama del lago. Una delle aree più suggestive è un sentiero erboso senza pretese, cosparso di fiori di campo e orlato da bordure di diverse varietà di

A SINISTRA: *statua di cavaliere e rododendri.*
IN ALTO: *un portale incornicia uno scorcio del lago Maggiore.*

A SINISTRA: *la piccola serra.*

IN ALTO: *cipressi ad arco che formano una serie di ogive sul lago Maggiore.*
ALLA PAGINA SEGUENTE: *profusione di fiori ai primi d'autunno.*

piante annuali, che si trova proprio dietro il parterre formale.

La villa, in stile ligure, fu progettata e costruita nel 1855 da un napoletano, Ruggero Bonghi, statista conservatore, insegnante di storia antica, nonché amico dello scrittore Alessandro Manzoni e del filosofo della religione Antonio Rosmini-Serbati, che visse a Stresa. Bonghi vendette la villa al duca di Vallombrosa, il quale ingrandì la proprietà e piantò molti degli alberi che vediamo oggi. A sua volta il duca, nel 1862, cedette la tenuta alla famiglia Pallavicino, che ampliò ulteriormente il parco e lo abbellì aggiungendo le serre ed oltre sei chilometri di sentieri. Oggi il parco si estende su circa cinque chilometri quadrati.

Le sequoie che si trovano qui sono tra le prime piantate in Europa. Nel parco si ammirano anche gingko, platani, querce, magnolie e molte varietà di conifere e di alberi da frutto.

Villa San Remigio
Pallanza

A SINISTRA: *luci d'autunno a Villa San Remigio.*
IN ALTO: *la villa, vista dal Giardino della Letizia.*

Nei giardini di San Remigio si avverte un'aura di nostalgia, ben espressa in un'iscrizione, che si trova dietro alla villa, in cui Silvio e Sofia Della Valle di Casanova raccontano come, sognato e progettato questo giardino fin dall'infanzia, l'abbiano poi realizzato una volta divenuti marito e moglie. Il parco è tutta un'elegia al romanticismo del passato: le cinque terrazze che digradano dalla villa sono dedicate rispettivamente alla Letizia, alle Ore, alle Memorie, ai Sospiri e alla Mestizia.

Silvio e Sofia erano cugini di primo grado, poiché discendevano da Peter Browne, un diplomatico britannico di origine irlandese che acquistò la proprietà nel 1859, e dal suo vicino, il Marchese Federico Della Valle di Casanova, il quale aveva sposato la figlia di Peter. La villa originale venne ricostruita in stile rinascimentale italiano. Sofia morì nel 1960 all'età di cento anni, dopo aver provveduto a porre le statue del giardino sotto la tutela delle Belle Arti per evitare che venissero disperse. Nel 1977 la proprietà è passata allo Stato italiano, che vi ha fondato una scuola.

Le terrazze a giardino, con le fontane e le statue, create nel 1883, sono rimaste intatte e sui muri sbocciano ancora alcune delle rose di Sofia. Questo è un tradizionale giardino assiale e il progetto della villa è strettamente vincolato a quello del giardino. Il lago si scorge soltanto dal terrazzo più alto poiché la villa è arretrata rispetto alla riva. Scendendo alle terrazze che si trovano in basso, il giardino diventa a mano a mano più ombroso, in armonia con l'atmosfera che vuole evocare. Sofia aveva studiato la disposizione del giardino in modo da renderlo godibile anche al chiaro di luna.

La prima terrazza che si stende sotto la villa è quella della Letizia: il tema si rifà all'antica Roma, con iscrizioni e nicchie dai disegni a mosaico. Sotto, c'è la terrazza delle Ore. Qui venne sistemata una meridiana che, come si legge in un'iscrizione, ha il compito di segnare le ore del sole, scacciando le ombre della notte. Il muro superiore è ornato con le statue delle quattro stagioni, opera dello scultore settecentesco Francesco Rizzi. La balaustrata inferiore è scandita da una serie di sculture, attribuite a Orazio Marinali, che rappresentano Plutone, Venere, Giunone e Bacco. Sotto si trova la terrazza delle Memorie, con tre putti circondati da fiori rossi e bianchi; qui è collocata anche una limonaia, la serra per gli alberi di limone. Ancora più in basso, c'è la terrazza dei Sospiri, dominata da un gruppo scultoreo di grande effetto scenografico, che raffigura Venere che guida il suo cocchio, una grande conchiglia trainata da ippocampi, opera dello scultore Riccardo Ripamonte. I parterre di rose sono messi in risalto da viottoli pavimentati in pietra con disegni a fiori di giglio e in alcune nicchie appaiono altre statue deliziose. L'ultima terrazza, alla fine della discesa, è quella della Mestizia. Qui non crescono fiori, soltanto piante sempreverdi. Lo studio di pittura di Sofia e un *nymphaeum* si trovano di fronte ad una statua di Ercole e l'Idra, firmata da Giovanni Marchiori. Adiacente alle terrazze c'è la piccola chiesa di San Remigio.

IN ALTO: *il cocchio di Venere, nel Giardino dei Sospiri.*
A DESTRA: *una nicchia nel Giardino della Letizia.*

Villa Taranto
Pallanza

A SINISTRA: *la villa sorge nel punto più alto del giardino.*
IN ALTO: *peonie e non-ti-scordar-di-me*.

Nel 1930, il capitano Neil McEacharn, in viaggio tra Venezia e Londra, trovò, in un annuncio sul London Times, l'offerta di una villa con ampi giardini sul lago Maggiore. Il capitano aveva ereditato un castello in Scozia, con relativi giardini già sistemati, ma desiderava ardentemente creare dal nulla un giardino tutto suo. Pallanza gli offriva un clima mite, uno scenario superbo, un terreno fertile e non fangoso e possibilità di irrigazione. Comprò la proprietà e i lotti adiacenti, per un totale di circa cento acri. Negli anni trenta la mano d'opera costava pochissimo, e così egli poté alterare la natura del terreno, creando una valle con enormi blocchi di granito estratti dalle cave che si trovavano nei paraggi. Fece costruire quasi tredici chilometri di strade e sentieri. Posò oltre undici chilometri di canali d'irrigazione, impiegando una pompa speciale per trasportare l'acqua dal lago alle cisterne e alle vasche. Sistemati i terrazzamenti, installò le fontane e infine gettò sulla valle l'arcata di un ponte alto e aggraziato.

Il capitano Mac Eacharn volle combinare insieme un parco e i giardini all'italiana con i prati all'inglese sparsi tutt'intorno alla villa, che risale al tardo diciannovesimo secolo. Sebbene i giardini non giungano alle rive del lago, qua e là ne appare qualche scorcio; la vista che si gode da Villa Taranto spazia fino alle Alpi Lepontine che si levano in lontananza, chiudendo l'orizzonte. McEacharn volle creare in Italia un giardino simile ai Kew Gardens d'Inghilterra e vi

ALLA PAGINA PRECEDENTE: *tra le varietà di piante raccolte in tutto il mondo per i giardini di Villa Taranto, vi sono anche le palme Chusan, importate dalla Cina.*
IN ALTO: *sui canali, la bella statua del "Piccolo pescatore", opera dello scultore Gemito.*
A DESTRA: *nel giardino abbondano le varietà di piante acquatiche.*

riuscì pienamente. Il novanta per cento delle piante e degli alberi che popolano il giardino venne per la prima volta introdotto in Italia in questo luogo. Il capitano scozzese viaggiò ovunque nel mondo riportando con sé sempre nuovi esemplari per il suo giardino. Dall'Inghilterra importò molti rododendri. Prima che le dogane italiane imponessero delle restrizioni sull'importazione di specie botaniche, egli importò dall'Oriente una straordinaria collezione di piante e in particolare molti esemplari dall'Australia, paese in cui visse per sei anni durante la seconda guerra mondiale. Durante la sua assenza il giardino fu affidato all'attenta supervisione di Henry Cocker, capo giardiniere fin dal 1934. I tedeschi usarono i giardini come centro di smistamento dei deportati e venne rubata la pompa del lago. Dopo la guerra, molte piante furono rimpiazzate con l'aiuto dei Kew Gardens. Dal 1936 ad oggi il Catalogo dei semi di Villa Taranto si è ampliato, passando da 367 a oltre 4.000 voci.

Tra le trentamila specie diverse del giardino ci sono le spettacolari ninfee, *Victoria amazonica* e *Victoria crusiana*, dalle enormi foglie rotonde, che arrivano a quasi due metri di larghezza.

Il capitano McEacharn fece in modo di donare la proprietà al governo italiano prima della seconda guerra mondiale, mantenendo per sé il diritto di viverci fino alla morte, avvenuta nel 1964. Grazie a una speciale autorizzazione, potè essere sepolto qui, in una piccola cappella circondata dai giardini che aveva creato e a cui aveva dedicato la vita. La villa è usata dal governo italiano per incontri di alto livello. La manutenzione dei giardini è affidata ad una società privata con la consulenza di una scuola di orticultura.

Fortino del Cerro
Cerro

A SINISTRA: *accanto alle mura del fortino, crescono aster e crisantemi.*
IN ALTO: *una gradinata in mattoni conduce ad un lungo sentiero in riva al lago.*
ALLA PAGINA SEGUENTE: *il porticciolo privato.*

NEL DICIANNOVESIMO SECOLO, Cerro era una città di confine austro-italiana. Sulla riva del lago sorgeva una piccola fortezza, che nel 1935 fu acquistata dalla famiglia Masini. L'edificio era in pessime condizioni e, per ricostruirlo, i Masini usarono la pietra originaria, che reperirono in una cava sul lato opposto del lago Maggiore. Completarono l'opera con l'aggiunta di un ponte levatoio e fecero decorare l'entrata a strisce gialle e nere, i colori dell'Austria. Al porticciolo furono aggiunti il muro di recinzione e l'elegante gradinata che porta al giardino.

Nel giardino, tra gli alberi di diverse varietà, prevalgono le acacie, i pini e i cipressi. La riva e il cammino che conduce al forte sono di aiuole miste. Il piccolo stagno delle ninfee e il giardino roccioso ospitano piante appropriate, ma la gloria di questo giardino è l'ortensia. Tutt'intorno al fortino corrono lunghe bordure di ortensie che in giugno sbocciano con petali d'ogni colore, in magico contrasto con le severe mura di pietra.

165

Il lago di Garda

DEI TRE LAGHI principali, è il più vasto e selvaggio; le sue coste sono quasi intatte. Viste da lontano, le acque piatte di questo lago, attorniate da ampie pianure, sembrano un mare aperto. Il lago di Garda è lungo circa 50 chilometri e largo circa 20. A nord, il suo aspetto cambia radicalmente; diventa stretto e profondo come un fiordo. Le montagne si tuffano nelle acque e le automobili devono attraversare una serie di ottanta gallerie, scavate nella parete rocciosa che fiancheggia lo specchio d'acqua.

Prima del 1900, il Lago di Garda era ignorato dai turisti. I grandi alberghi, come quelli del Lago Maggiore e del Lago di Como, qui non esistevano. A parte qualche raro palazzo, le ville sul Garda sono più modeste, rispetto a quelle degli altri grandi laghi del nord; i loro giardini sono di tipo più semplice e inoltre denotano un gusto diverso. Ad eccezione di alcuni parchi, progettati con l'intenzione di essere pubblicamente esibiti, come quelli di Villa Bettoni e del Vittoriale, i giardini del Garda tendono ad essere piuttosto intimi. Sono giardini personali, nascosti, invisibili dalla strada o dal lago, che puntano sul risalto di singole piante importanti, più che sulla globalità dell'impianto architettonico. Fu nell'abitazione estiva di amici mantovani che feci per la prima volta conoscenza con i giardini del Garda. Si trattava di un luogo fatto per viverci: noi in quel giardino studiavamo, mangiavamo, ci arrampicavamo su una scala a chiocciola per godere il panorama e ci aprivamo faticosamente la strada attraverso il sottobosco per raggiungere un cancelletto poco usato, vicino alla porta principale, che

IN ALTO: *Torri del Benaco.*
A DESTRA: *un angolo di Sirmione.*

A SINISTRA: *un vecchio pozzo a Sirmione.*
IN ALTO: *le caprette e una mucca, allevate dal conte Guarienti.*

IN BASSO: *gerani su un balcone di Sirmione.*

dava accesso alla piccola spiaggia affacciata sulle acque, gelide in quel settembre inoltrato. Ogni volta che torno sul Lago di Garda, ritorno anche a questo giardino. Non è un giardino importante e non appare nelle fotografie di queste pagine, anche se dalle sue balaustrate si gode una bella vista del lago. Ma è un giardino amato dalla famiglia che lo possiede e il suo assortimento di piante e alberi è curato con amore. Per me, racchiude molti cari ricordi.

Il Lago di Garda è sempre stato rinomato per la sua produzione di limoni e ancora oggi le colline circostanti sono incise dalle terrazze che un tempo ospitavano le coltivazioni. Tra Limone e Gargnano esistono ancora migliaia di alti pilastri di pietra che una volta sostenevano le travi su cui d'inverno, in caso di necessità, venivano tese delle coperture a protezione degli alberi di limone. Ma poi prevalsero sul mercato i limoni dell'Italia del sud, dal sapore più spiccato e a più lunga conservazione. Oggi i limoni si coltivano ancora, ma in piccolissima quantità, in antiche serre di Torri del Benaco e Punta San Vigilio. I monti che circondano il lago, in particolare il Monte Baldo e il monte Brione, lo riparano dalle asprezze del clima, tanto che sul Garda il clima è più dolce di quello di Nizza, anche se il lago si trova a una latitudine più settentrionale. Sulle pendici del monte di Gargnano e di Salò, orientate a sud, prospera una ricca e insolita vegetazione. L'area intorno a Bardolino è nota per la dolcezza della sua frutta.

Tuttavia le belle giornate di sole possono ingannare. Quando soffia il Sovar, che è un forte vento alpino, le acque del lago si sollevano in alte ondate e per quanto nel lago sgorghino sorgenti calde, può accadere, come avvenne nel 1706, che sulla sua superficie si formi un velo di ghiaccio.

Il Lago di Garda era conosciuto dagli Etruschi e dai Romani come Benacus. Gli antichi romani stabilirono postazioni militari a Desenzano e a Salò. Sulla punta del promontorio di Sirmione, si trovano le maestose rovine di una villa romana. L'imperatore Claudio, poco dopo l'ascesa al trono, sconfisse i Germani a Peschiera; più tardi Peschiera fu teatro dell'incontro tra il Papa Leone I e Attila, condottiero degli Unni.

Nel corso del decimo e dell'undicesimo secolo, il lago di Garda era sotto la signoria degli Scaligeri di Verona a cui seguirono i Visconti di Milano e più tardi la Repubblica Veneziana. I castelli che sorgono sul lago a Sirmione, Malcesine, Lazise, Maderno e Riva furono costruiti per rinforzare quelle dominazioni e per fermare gli invasori che scendevano in Italia dal nord. Il castello di Lechi sull'isola di Garda fu lo scenario di alcune sommosse, all'epoca in cui l'Italia lottava per liberarsi dal dominio austriaco. La parte settentrionale del lago di Garda rimase territorio austriaco fino al 1918.

Nel 1438 i Veneziani si erano impegnati in un'incredibile operazione per fermare l'invasione dei Milanesi. Sei galeoni e venticinque navigli da guerra più piccoli, di vario tipo, furono trascinati attraverso le montagne da duemila buoi per essere calati in acqua a Torbole. Quando ciò avvenne, lo sforzo si rivelò vano: i Milanesi avevano approfittato del tempo richiesto dalla complessa operazione per chiudere il porto e quindi bloccare la flotta.

Nel palazzo Martinengo di Salò c'è un giardino inaccessibile nascosto dietro le mura di un severo, massiccio edificio del sedicesimo secolo. Nel 1585, vi si nascose la bella Vittoria Accoramboni, che fu la seconda moglie di Paolo Giordano, Duca di Bracciano: per giungere alle nozze, entrambi avevano assassinato i rispettivi coniugi. Paolo Giordano era alla testa del ricco e potente clan degli Orsini. Quando morì, lasciò tutto il patrimonio a Vittoria, con grande sdegno dei suoi parenti, i quali attaccarono il palazzo costringendo Vittoria alla fuga. Rintracciata a Padova, la nobildonna fu infine assassinata dal cognato. Vittoria Accoramboni ispirò il personaggio del Diavolo Bianco nel dramma che John Webster scrisse nel 1612. Il giardino con i suoi tristi cipressi, i cedri e le fontane fu descritto, nel secolo successivo, da Lady Mary Wortley Montagu in una lettera.

Il lago di Garda è stato cantato in poesia da Virgilio, Catullo, Orazio, Dante e Giosué Carducci. Goethe entrò in Italia dalle sponde del lago di Garda e fu proprio questo luogo a far scaturire nel cuore del poeta il tenace amore per la penisola italiana.

Un oliveto alla Baia delle Sirene.

Villa Bettoni

Bogliaco

A SINISTRA: *le rampe che collegano i diversi livelli della limonaia.*
IN ALTO: *la scalinata prospettica.*

La strada per Bogliaco è stretta e attraversa serpeggiando alcuni villaggi di pescatori situati lungo la costa occidentale del Garda. All'improvviso la strada corre tra un palazzo maestoso e una cancellata ricurva che custodisce il giardino: una distesa di parterre classici di basse siepi di bosso a forma di cuneo. Sul retro, in lontananza, si intravvede una scalinata prospettica. Ridipinta recentemente in color pesca e crema, la scalinata, con le sue grotte artificiali, le nicchie e le rampe ha la funzione di concentrare l'attenzione sul giardino e di collegarlo con il palazzo che sorge di fronte. Ai lati di essa, sorgono i pilastri di pietra delle vecchie serre per gli alberi di limone, ora trasformate in orti. Il piano nobile del palazzo è collegato al giardino per mezzo di ponti sospesi attraverso la strada principale. Nell'assetto originario, dal terrazzo più alto delle limonaie, oltrepassando una piccola fontana e addentrandosi negli uliveti, si poteva raggiungere un tempio situato sul fianco della collina. La Villa possiede anche una striscia di giardino a terrazza che si allunga sul molo, ornata di aiuole fiorite, che invece mancano nel giardino prospettico delle limonaie.

I conti Bettoni possedevano questa proprietà fin dal quindicesimo secolo, ma la villa e il giardino come oggi li vediamo furono ideati nel diciottesimo secolo dal conte Antonio Giovanni Bettoni, che era comandante di Cavalleria nell'esercito dell'imperatrice Maria Teresa d'Austria. La villa

IN ALTO: *la facciata di Villa Bettoni, prospiciente il lago.*
A DESTRA: *ancora oggi si utilizzano le limonaie.*

ALLA PAGINA SEGUENTE: *una veduta del parterre dalla scalinata prospettica.*

fu costruita da due architetti: il primo, Adriano Cristofoli, entrò in dissidio con il committente nel 1751; cinque anni più tardi il lavoro fu ripreso da Antonio Marchetti. La scalinata prospettica del giardino, che risale al 1764, è opera dell'architetto genovese Amerigo Vincenzo Pierallini. Le nicchie e le pareti sono adorne di sculture di Giovan Battista Locatelli.

Il giardino prospettico di Villa Bettoni, per concezione e proporzioni, non ha uguali tra i giardini del lago di Garda.

Grand Hotel Villa Cortine
Sirmione

A SINISTRA: *la statua del "Monte Baldo", una versione della gigantesca scultura dell'Appennino del Giambologna.*

Villa Cortine a differenza di molte ville trasformate in alberghi, ha mantenuto il suo giardino quasi intatto, nonostante il passar del tempo. La villa e il parco sono appartati rispetto alle altre proprietà della penisola di Sirmione, per due motivi: il forte dislivello del terreno e la fitta cortina di alberi piantati in cerchio, si dice, per nascondere una signora malata agli occhi curiosi della gente del posto. La signora in questione, che soffriva di tubercolosi, era probabilmente la moglie di Kurt Von Koseritz, ministro del Ducato di Hanhalt, che fece costruire questa villa neoclassica tra il 1900 e il 1901. Con la prima guerra mondiale, allo scoppio delle ostilità tra la Germania e l'Italia, Von Koseritz fu costretto a rimpatriare. La proprietà venne confiscata dal governo italiano alla fine della guerra e quindi acquistata dall'industriale Giuseppe Donagemma che ampliò la villa e aggiunse molti degli ornamenti che si trovano oggi nel giardino.

Il viale di ingresso termina alla grande fontana di Nettuno. Il gruppo scultoreo, che rappresenta il dio del mare che impugna il tridente, circondato dai Tritoni, è opera di un artista di Vicenza. Le statue coperte di muschio emergono suggestivamente da felci ombrose e spruzzi d'acqua; in primavera, la scena è illuminata da una bordura di tulipani posta di fronte alla fontana. Dietro al teatro d'acqua, che costituisce una scenografia architettonica in cui si inseriscono le fontane, sorgono balaustrate e piramidi. Il fianco della collina si erge ripido e sale fino a un belvedere.

IN ALTO: *una divinità acquatica.*
A DESTRA: *alcune statue della fontana di Nettuno.*
ALLA PAGINA SEGUENTE: *i sentieri del giardino adiacente alla villa.*

Questo luogo, per natura adatto a un postazione difensiva, attrasse i Romani, i quali costruirono qui un forte, da cui la villa ha preso nome. "Cortine", infatti, è l'alterazione della parola latina *cortes* che significa fortezza. Il suo valore strategico era dovuto al fatto che essa consentiva di sorvegliare tutto il traffico per via d'acqua e le pianure al di là delle rive del lago. Più tardi, nell'ottavo secolo, venne fondato qui il monastero lombardo di Santa Giulia. Ma la tranquillità necessaria alla vita religiosa contemplativa era spesso violata da eventi bellici, che costrinsero le monache ad abbandonare il convento. Nel giardino non rimane traccia di questi precedenti insediamenti, ma Donagemma ha raccolto copie di antiche statue, colonne e iscrizioni e le ha sparse liberalmente un po' dappertutto. Vi si trova anche una copia in scala ridotta della statua dell'Appennino Pratolino del Giambologna, ribattezzata Monte Baldo. Lungo i sentieri ombrosi appaiono fontane dedicate a Narciso, Leda e il Cigno e Sirmione. Le aiuole sono colme di piante annuali e i ciclamini selvatici fioriscono sulle sponde rocciose. Grandi vecchi cipressi, pini e filari di *Trachicarpus fortunei* caratterizzano ulteriormente il giardino.

Nel 1939, Donagemma cedette la proprietà ai conti Galletti di Sant'Ippolito e a loro volta essi, nel 1952, vendettero villa Cortine a Franco Signori, che la trasformò in un albergo di lusso.

Giardino sul Lago
Sirmione

A SINISTRA: *intorno agli ulivi, prati vellutati e bordure di fiori lussureggianti.*
IN ALTO: *in questo giardino crescono più di centocinquanta varietà di rose.*

Questo moderno giardino privato è oggetto di grande devozione ed curato con enorme orgoglio e cura. Sono suoi vicini edifici di grande antichità: la chiesa romanica di San Pietro in Mavino e le rovine di una raffinata villa Romana, che si pensa sia stata la casa di Catullo.

Creato dopo la seconda guerra mondiale in un luogo impervio, il giardino ha raggiunto oggi la sua piena maturità. Sotto il prato retrostante la villa, trecento metri più in basso, si stende la costa del Lago di Garda. Quello che era un tempo un uliveto disposto su terrazzamenti con un dislivello di trenta metri l'uno dall'altro, è stato trasformato in un morbido declivio che scende gradatamente fino al livello stradale: un risultato che è stato ottenuto riempiendo di terra i dislivelli delle terrazze. In tal modo, sono rimasti parzialmente sepolti alcuni tronchi di olivo e alle loro basi sono state create delle aiuole. La maggior parte dei fiori sono annuali, cresciuti sul posto da semi o da talee. Alla fine di ottobre, nelle aiuole sono sistemate duemila viole del pensiero, che durano fino a metà maggio. Da metà ottobre fino a metà novembre ci sono i non ti scordar di me, le primule e le calendule. In primavera, dal tappeto di viole del pensiero s'innalzano gli steli dei tulipani, a cui fanno seguito ottocento piante di impatiens e in autunno astri, calendule, dalie, verbene, begonie e agerati. Salvia, cineraria, santolina e lavanda creano zone contrastanti di fogliame grigio-verde. In maggio il giardino è inondato dal profu-

IN ALTO: *un oliveto che ha cambiato volto.*
A DESTRA: *dal giardino si scorgono i resti di un'antica villa romana.*

mo dell'*olea fragrans*. Le rose sono eccezionali; se ne coltivano oltre centocinquanta varietà. Eppure, nonostante lo splendore delle rose, rimane nel visitatore il ricordo indimenticabile degli olivi, adagiati come gioielli al centro di un anello di fiori su un prato di velluto.

Villa Brenzone

Punta San Vigilio

A SINISTRA: *la limonaia di Villa Brenzone.*
IN ALTO: *dettaglio di una mappa della proprietà, in cui si notano la villa, il porto e il belvedere dei dodici Cesari.*

TRA I TANTI LUOGHI INCANTEVOLI che si trovano in Italia, Punta San Vigilio è uno dei meno conosciuti. Fortunatamente, questo piccolo promontorio sul lago di Garda è in mani private e ne è limitato l'accesso. Un antico viale di cipressi, che risale al diciassettesimo secolo, scende fino al cancello di Villa Brenzone, attraversando secolari uliveti fitti di margherite. A sinistra del cancello, un viottolo conduce in basso, oltre la limonaia, a un piccolo albergo di lusso, fatto costruire dopo la prima guerra mondiale da Leonard Walsh e ora diretto dal conte Guarienti Brenzone. Si trova vicino ad un porticciolo. A destra, il sentiero porta alla Baia delle Sirene, una splendida spiaggetta che guarda i monti al di là delle acque e che è aperta al pubblico soltanto nei fine settimana. Il giardino di Villa Brenzone rimane privato.

La struttura del giardino di Villa Brenzone è del tutto atipica rispetto a quella consueta dei giardini italiani. Questo si deve, in gran parte, all'irregolarità del sito: il giardino si trova infatti sulla punta del promontorio. Del giardino originario, realizzato nel diciottesimo secolo, rimangono alcuni tratti, ma l'area intorno alla villa è stata alterata dalle modifiche apportate nel diciannovesimo secolo. Questo luogo è importante per i suoi richiami letterari e perché probabilmente ispirò William Kent, artista e architetto inglese che aveva studiato in Italia: a lui si deve l'introduzione di elementi romantici nella tradizione del classico giardino paesaggistico inglese.

IN ALTO: *uno dei muri del giardino che domina il lago.*   A DESTRA: *l'entrata del belvedere dei dodici Cesari.*

Agostino Brenzone, vissuto nel sedicesimo secolo, fu un gentiluomo dalla multiforme personalità. Una lettera scritta da Pietro Aretino nel 1546 dipinge Brenzone come oratore, magistrato e austero filosofo, dal carattere " vago e generoso". Il giardino esisteva già, a quell'epoca, e l'Aretino lo ritrae come luogo silenzioso e affascinante. Brenzone scrisse un dramma (ora perduto) e un saggio in elogio della solitudine.

Nel 1538 Agostino Brenzone comprò il terreno dal monastero benedettino di San Zeno. Nell'albergo si trovano alcuni disegni che ritraggono la proprietà vista a volo d'uccello e mostrano la villa, il belvedere dei dodici Cesari, la cappella e il porto che sono datati 22 Dicembre 1788. A quell'epoca il conte Agostino Vincenzo di Brenzone aveva ampliato la proprietà acquistando uliveti e pascoli dalla comunità di Torri del Benaco.

Le guide turistiche del diciannovesimo secolo ricordavano spesso il giardino. In passato, il suo impianto faceva perno sui sentieri che conducono agli uliveti, adorni di statue che rappresentano Adamo ed Eva, Venere, lo sposalizio di Nettuno con le acque del Mare, Apollo e i dodici imperatori. Vi si trovano anche una tomba simbolica di Catullo e una fontana con il busto di Petrarca, dai cui occhi sgorgano lacrime che bagnano il lauro sottostante. Abbondano le iscrizioni: una citazione di Catullo, che parla del lago di Garda, un'invocazione del Petrarca, rivolta ad Apollo e un invito di Agostino Brenzone, rivolto ai suoi ospiti, a dimenticare le preoccupazioni derivanti dalla vita cittadina e dalle donne e ad accostarsi ad una mensa frugale, preferendo al cibo del corpo quello dello spirito, in questo suo giardino che, al contrario dell'Eden da cui ha avuto inizio la morte, dona la vita.

La villa è circondata da una grande corte coperta di ghiaia, con aiuole di tulipani o salvia. Sulla sinistra s'innalzano alte siepi di cipressi foggiate ad arco, che vengono tosate in luglio e agosto. Filari di cipressi si allineano sulla riva del lago, di fronte alla villa, e altri due viali di cipressi, ai due lati dell'edificio, scendono verso una nicchia che racchiude la statua di Venere e il delfino. Qui si trova una piccola baia d'approdo, segreta, annidata tra gli alberi. Nella corte crescono il gelsomino, l'agave, la bougainvillea, e ancora gigli, piccoli garofani, bocche di leone e rose. Un sentiero si snoda intorno al promontorio e, oltrepassata una fioritura di iris, arriva a un belvedere e alla piccola chiesa.

IN ALTO: *il belvedere dei dodici Cesari*.
A DESTRA: *Villa Brenzone vista dal cancello d'ingresso*.

Alle rocce si aggrappano i fichi d'India e le piante di aloe. Arrampicandosi sui gradini che corrono lungo un muro merlato, si incontra un altare romano. Il sentiero, serpeggiando, oltrepassa la limonaia dalle travature in legno il cui vetro, nella stagione calda, viene rimosso. I vecchi alberi di limone sono piantati in piena terra e si dice che alcuni di essi abbiano trecento anni. Contro il muro, è collocato un elegante altorilievo in marmo di Carrara che raffigura Apollo. Il "circolo dei filosofi" dei dodici Cesari si trova su un'altura artificiale e vi si accede salendo una rampa di gradini fiancheggiati da filari di cipressi. Ogni imperatore ha la propria nicchia e alcune di esse sono sommerse dalle rose. L'intero complesso monumentale è circondato da un grande anello di cipressi. Sir Lawrence Olivier amava passeggiare in questo luogo, durante i suoi soggiorni all'albergo. Appena fuori dal "circolo" c'è una piccola lapide del 1833, dedicata al ricordo di un cane fedele. L'entrata della limonaia è esterna al giardino; il suo cancello si affaccia sul vialetto acciottolato che conduce alla chiesa. Accanto al cancello c'è un'iscrizione in latino che ricorda le proprietà dei limoni, secondo quanto ne scrisse Plinio: composti di gelo e di ardore, di dolce e di amaro, trasformati da Venere in un'allusione all'amore.

Il giardino è da tempo affidato alle cure del giardiniere Nino e prima ancora a quelle di suo padre.

Villa Bernini

Lazise

A SINISTRA: *fortificazioni dell'antico porto di Lazise.*

*L*AZISE, UNA PICCOLA CITTÀ sul lago di Garda, è molto pittoresca. Le mura medioevali e le ampie piazze le conferiscono un aspetto caratteristico e danno un'impressione di ariosità, la stessa che si incontra nel parco giardino di Villa Bernini, appena fuori dalle mura cittadine.

Sul terreno di Villa Bernini si trovano le rovine del castello scaligero, che fu costruito tra il 1375 e il 1381 da Antonio, l'ultimo discendente degli Scaligeri di Verona. Sullo stesso luogo sorgeva una fortezza eretta agli inizi del nono secolo da Cansignorio della Scala. I Visconti di Milano attaccarono il castello nel 1439 e nel 1440. Sotto la repubblica di Venezia fu usato come palazzo del Capitano, ma i Veneziani lo bruciarono quando furono costretti ad abbandonare la postazione, all'epoca della Lega di Cambrai. La città di Lazise acquistò il castello alla fine del sedicesimo secolo e lo mantenne fino al 1879, quando fu messo all'asta e aggiudicato al conte Giovanni Battista Buri che contribuì a restaurare le mura della città. Oggi il parco e le rovine sono proprietà del conte Giandanese Bernini, che ne consente l'accesso al pubblico in occasione dei concerti.

I sentieri del parco serpeggiano lungo i cortili del castello dalle torri merlate. Una folta vegetazione ricopre morbidamente le pareti di una serra di mattoni appoggiata contro le mura dell'antica fortezza in rovina. Nel parco si notano enormi magnolie e un abete rosso; platani, castagni e pini sono alcune delle molte varietà arboree che affollano

IN ALTO: *l'edificio d'ingresso, in mattoni.*
A DESTRA: *Villa Bernini vista dal lago di Garda.*

le rive del lago. Un sentiero si spinge fino alle acque. I prati ora coprono quello che un tempo era il porto, che fu colmato nel 1878. Sotto gli oleandri e le palme, fioriscono la berchemia, la canna e l'ibisco. A sud, si vede Sirmione che si specchia nel lago, ricordando che al castello di Villa Bernini, ora in rovina, un tempo era affidato un preciso ruolo nella linea difensiva settentrionale degli Scaligeri.

Villa Idania
Garda

A SINISTRA: *Villa Idania, vista dal prato più basso.*
IN ALTO: *fioritura di primavera.*
ALLA PAGINA SEGUENTE: *il prato più basso, visto dalla bordura di piante annuali.*

Il bel giardino di Villa Idania sorge alto sulla città di Garda tra vigneti e campi ombreggiati dagli ulivi. Il giardino di Villa Idania fu creato per la contessa Ida Borletti e il suo nome deriva da quello della proprietaria. Sposata con uno scultore scozzese, Michel Noble (le cui opere sono sparse nella tenuta un po' dappertutto), la contessa Borletti desiderava un giardino in stile inglese. Quando i coniugi comprarono la proprietà, nel 1956, la vecchia villa era circondata da distese di ghiaia. Ida Borletti persuase Alec Edwards, il curatore dei giardini rocciosi di Kew Gardens in Inghilterra, a progettarle il giardino.

Edwards conservò cinque peri, i cipressi e alcuni olivi che crescevano nei pressi della villa. Seminò un magnifico prato, la cui erba cresce rigogliosa perché viene innaffiata ogni giorno con un complesso sistema di pompe che utilizzano l'acqua del lago. Le alzate degli scalini di pietra che scendono in basso fino ai limiti del giardino sono invisibili dalla villa: la discesa perciò appare come un pendio erboso continuo, sconfinato. Edwards creò un giardino roccioso ed una bordura in cui scelse di piantare soltanto specie annuali, contrariamente all'abitudine inglese che privilegia le piante perenni. Così il primo anno vide la fioritura di quattromila tulipani. Il giardino, che fu ulteriormente sviluppato sotto la guida di Henry Cocker, copre meno di tre acri, ma è pieno di un'impressionante varietà di esemplari arborei di pregio, attentamente selezionati per creare contrasti di for-

A SINISTRA: *le gradinate del giardino, invisibili dalla sommità dell'altura.*

IN ALTO: *Villa Idania sorge in alto sul lago di Garda, circondata da vigneti e uliveti.*

me e di ombre. Assolutamente speciali, un laghetto con fiori di loto e una squisita pergola racchiusa tra muretti a secco coperti di fiori. A sud ovest, si scorge in lontananza il lago sottostante. Di fronte, sulle alte, ripide colline, si stendono i vigneti da cui si ricava il Bardolino.

Giardino Hruska
Gardone Riviera

A SINISTRA: *la catena artificiale delle "Dolomiti.*
IN ALTO: *il giardino dei cactus.*

Il dottor Antonio Hruska era di professione dentista (contava tra i suoi pazienti uno zar di Russia), ma botanico per vocazione e viaggiò in lungo e in largo collezionando esemplari in Lapponia, Stati Uniti, Russia e Africa centrale. Fu attratto dal lago di Garda ma desiderava ardentemente un giardino alpino. Acquistò a Gardone alcune colture di ulivi a terrazza per un totale di due acri e mezzo e cominciò a costruire il suo giardino tra il 1912 e il 1914. Era ostacolato però dalle siccità estive, dal rigore degli inverni e dalla mancanza di sistemi di irrigazione. Per portar l'acqua al giardino si collegò a dei serbatoi lontani con canali e condotte; così l'acqua fluisce per tutta l'area formando ruscelli artificiali e scende con cascate in miniatura dai picchi rocciosi, raccogliendosi in minuscoli laghi con le ninfee. Questo piccolo giardino è suddiviso in zone: c'è un settore che riproduce la vegetazione del clima umido tropicale, con aiuole di succulente, e ci sono prati aperti vicino alla villa (che è nascosta da cespugli accuratamente piantati per questo scopo); vi si trova perfino una catena di tre creste montuose per le piante alpine.

Appena entrati nel giardino, si incontra uno spiazzo con aiuole che in primavera si riempiono di calendule, viole e garofani. Il sentiero conduce a un boschetto ombroso, attraversato da un ruscello, dove crescono le fuchsie e i *Cedrus deodara*. Emergendo dall'ombra si raggiunge un laghetto alla giapponese con ninfee, papiri e calle. Seguen-

A SINISTRA E IN ALTO: *papaveri e altri fiori di primavera a Villa Hruska.*

do il ruscello costellato da begonie "manto della madonna", colombine e primule porpora, si raggiunge la catena delle "Dolomiti". Qui il dottor Hruska costruì dirupi scoscesi di tufo poroso, che trattiene l'umidità, coperti da rocce rosse di Verona e riempì le fessure di humus; dai picchi l'acqua precipita in piccole cascate. Tutte le piante furono attentamente disposte tenendo conto delle loro esigenze in fatto di luce e umidità. In maggio le "montagne" sono ricoperte da una gran varietà di piante in boccio; rododendri, iris e colombine blu scuro sbocciano intorno alla base delle tre rocce affioranti. Qui prosperano anche l'*Iberi saxatilis* e il *Dianthus alpinus*, piante che normalmente crescono a quasi duemila metri di altitudine. Le conifere accentuano l'illusione di trovarsi davvero tra i picchi delle Dolomiti. Un po' lontano, all'estremità più alta del giardino, c'è un prato aperto di forma irregolare con una collezione di cactus e un ruscello che scorre tra l'erba. Un angolo è piantato a felci e *Phyllostachys bambusa*, una specie originaria dell'India. Due mascheroni di bronzo sputano acqua oltre il sentiero, alternativamente. Accanto all'uccelliera vicino alla villa ci sono peonie e limoni piantati in piena terra.

La serra e il giardino sono ancora curati con la supervisione di colui che fu per molto tempo il giardiniere del dottor Hruska, Angiolino Amati, e accuditi dalla sua famiglia. Dal 1950 il giardino è aperto al pubblico. Il dottor Hruska morì nel 1971 ma i suoi eredi mantennero il giardino fino al 1989, quando lo vendettero a un austriaco, André Heller. Fortunatamente il proprietario attuale lo conserva con la massima cura.

A DESTRA: *calle e ninfee*.

A SINISTRA: *la Fontana del Delfino.*

Il Vittoriale
Gardone Riviera

GABRIELE D'ANNUNZIO, poeta, patriota, drammaturgo e romanziere, creò il Vittoriale come residenza personale e per tramandare il suo nome ai posteri. In questo luogo, i monumenti e l'architettura del giardino formano un insieme inscindibile. Il giardino riflette il gusto dell'epoca fascista, che prediligeva le espressioni imponenti, massicce, pompose. Dappertutto si trovano delle iscrizioni. I cancelli di ingresso si aprono su un cortile dedicato alla memoria del Piave, il fiume dove si era stabilita la linea di resistenza dell'armata italiana tra il novembre del 1917 e l'ottobre del 1918. Un vasto teatro all'aperto, costruito per rappresentare le opere del poeta e per concerti, sovrasta il lago lontano, richiamando gli antichi teatri greci di Segesta e di Taormina in Sicilia. Di fatto, tutto il giardino è puro teatro. Intorno alla villa, che si chiamava Il Priorato, vi sono altri cortili cinti da mura ricoperte da iscrizioni, che racchiudono alcune fontane e un'asta di bandiera circondata da teste di barbari. I fianchi della collina sono ricoperti di oleandri, magnolie, filari di cipressi e distese di ulivi. Nell'ombra densa, scorre, lungo il ripido pendio del colle, un torrentello chiamato "Acqua Pazza". Nella proprietà, si trovano tre giardini geometrici: uno, chiuso, sorge tra i cipressi vicino al museo Sciltan; un altro è accanto alla villa, con una gradinata curva e aiuole di fiori; sul fianco della collina, lungo il sentiero che porta al mausoleo di D'Annunzio, si trova una scura terrazza con una vasca ellittica e la Fontana del Delfino. Circondata da alti e neri cipressi, questa fontana dai multipli getti d'acqua è ornata appunto da una statua che rappresenta una fanciulla con un delfino. Quando il vento fa ondeggiare i cipressi, la luce filtra illuminando debolmente le figure e rendendo vivo questo angolo cupo. I sentieri del giardino attraversano gli oliveti e il viale di cipressi, conducendo alla prua di un incrociatore, il "Puglia", sistemata con effetto surreale contro il fianco della collina. Due ruscelli si uniscono nel punto più basso della proprietà per alimentare una piscina a forma di violino, costruita per ospitare spettacoli di danza.

Nel 1921, D'Annunzio comprò in questo luogo una fattoria. Insieme all'architetto Giancarlo Moroni, progettò la villa e la biblioteca e ideò i monumenti sulle colline di Gargnacco sopra la città di Gardone Riviera. Visse nel Vittoriale fino al 1938, ma fin dal 1930 ne fece dono al governo Italiano.

A DESTRA: *il lago di Garda visto dal mausoleo; sullo sfondo delle colline si profilano gli ulivi e le scure sagome dei cipressi.*

A SINISTRA E IN ALTO: *il Vittoriale è un insieme di edifici e di monumenti collegati da cortili e da scalinate*.

Appendice

Bibliografia

Agnelli, Marella. *Gardens of the Italian Villas*. New York, Rizzoli, 1987

Ames, General Butler. *Butler Ames and the Villa Balbianello*. Compilato da Pauline Ames Plimpton, Oakes e Sarah Plimpton, Robert O. Paxton. Latham, New York, British American Publishing, 1991.

Attlee, Helena e Alex Ramsay. *Italian Gardens*. London, Robertson McCarta, Ltd., 1989.

Bagot, Richard. *The Lakes of Northern Italy*. Leipzig, B. Tauchnitz, 1908.

Bascapé, Giacomo. *Ville e parchi del Lago di Como*. Como, 1966

Betcheller, Typhosa Bates. *Italian Castles and Country Seats*. London, Longmans, Green, & Co., 1911.

Bazzetta de Vemenia, Nino. *Guida della città e del Lago di Como*. Borgovico, 1924.

Binda, Giorgio. *Romantico Lago Maggiore*. Stresa, Paulon, 1990.

Boccardi, Renzo. "San Remigio." In *Emporium*, 139-40. N.p., 1913.

—— *Il Lago Maggiore*. Bergamo, Istituto Italiano delle Arti Grafiche, 1931.

Borsi, Franco e Geno Pampaloni. *Ville e giardini*. Novara, Istituto Geografico de Agostini, 1984.

Brenna, Gian Giuseppe. *Tremezzina*. Como, Cairoli, 1969.

Brivio, Dino. *Itinerari Lecchesi - Lungo quel Ramo*. Banca Popolare di Lecco, Lecco, Grafiche Stennoni, 1985.

Burnet, Gilbert. *Some letters containing an account of what seemed most remarkable in Switzerland, Italy, etc*. 1686. Reprint. University of New Hampshire, Scholar Press, 1972.

Castelli basiliche e ville: tesori architettonici lariani. Como, La Provincia, n.d.

Chierichetti, Sandro. *Guide to the Botanical Gardens of Villa Taranto*. Laveno, Reggiori, 1985

—— *Lake Como*. Milano, A. Preda, 1980

—— *Lake Maggiore*. Milano, Editrice Preda Abele e A.L., 1979.

Coats, Peter. *Gardens of the World*, New York, Hamlyn, 1968.

Cocozza Tallia, Maria, Vittorio Marzi, Antonio Ventrelli e Damiano Ventrelli. *Giardini d'arte*. Bologna, Edagricole, 1986.

Como: Le Cento Città d'Italia Illustrate. Milano, Sonzogno, ca. 1920.

Dal Re, Marcantonio. *Ville di delizia o siano palagi camparecci nello stato di Milano*. Edito da Pier Fausto Bagatti Valsecchi, 1726. Ristampa. Milano, Il Polifilo, 1963.

Dami, Luigi. *The Italian Garden*. New York, Brentano, 1925.

De' Medici, Lorenza. *The Renaissance of Italian Gardens*. New York, Fawcett Columbine, 1990.

Elgood, George. *Italian Gardens*. London, Longmans Green, & Co., 1907.

Faccini, Mario. *Guida ai giardini d'Italia*. Milano, Ottaviano, 1983.

Fauré, Gabriel. *The Italian Lakes*. London, Nicholas Kaye, 1958.

Ferrario, Carlo. *Villas and Gardens of the Center of the Lake of Como*. Como, Brunner, 1978.

Fioranti, Camillo. *Giardini d'Italia*. Roma, Mediterranée, 1960.

Fraschini, Marco. *Villa Pallavicino Stresa*. Veniano, Fotoselex, 1981.

Gerli, Domitilla. *Lario Acque Dorate*. Como, Pifferi, 1988.

Gromont, Georges. *Jardins d'Italie*. Paris, A. Vincent, 1902.

Guida di Como e dintorni. Como, Frico Piadeni, 1927.

L'idea del lago: un paesaggio redefinito 1861/1914. Como, Villa Olmo, Milano, Gabriele Mazzotta Editore, 1984.

Isola Madre, Lago Maggiore. Cittiglio, Reggiori, n.d.

Lago Maggiore, Arona, Pallanza, Laveno: Le cento Città d'Italia Illustrate. Milano, Casa Editrice Sonzogno, ca. 1920.

Lake Maggiore with the Borromee isles. Milano, Muzio, n.d.

Le Blond, Elizabeth Alice Frances Hawkins-Whitshed. *The Old Gardens of Italy, how to visit them*. London, J. Lane, 1912.

Lodari, Carola. *Villa Taranto, il giardino del Capitano McEacharn*. Umberto Allemandi & Co., 1991.

Mader, Gunter e Laila G. Neubert-Mader. *Giardini all'Italiana*. Milano, Rizzoli, 1987.

Mariano, Emilio. *Il Vittoriale degli Italiani*. Verona, Mondadori, n.d.

Masson, Georgina. *Italian Gardens*. New York, Harry N. Abrams. 1961

McCrackan, W. D. *The Italian Lakes*. Boston, L. C. Page, 1907.

Mc Guire, Frances Margaret (Cheadle). *Gardens of Italy*. New York, Barrows, 1964.

Moretti, Paola. "Armonie Architettoniche," *Realty* (Aprile - Giugno 1989), 14-25.

Morris, Joseph. *The Lake of Como*. London, A.C. Black, ca. 1923.

Nichols, Rose Standish. *Italian Pleasure Gardens*. New York, Dodd Mead & Co., 1928

Nobile, Bianca Marta. *I Giardini d'Italia*. Bologna, Calderini, 1980.

Ragg, Laura. *Things Seen on the Italian Lakes*. 1925.

Sale, Richard. *The Visitor's Guide to the Italian Lakes*. Edison, N.J., Hunter Publishing, 1988.

Sanders, Rino. *Villa Vigoni, un ponte verso il futuro*. Menaggio, Attilio Sampietro, 1989.

Shepherd, J. C. e G. A. Jellicoe. *Italian Gardens of the Renaissance*. New York, Charles Scribner's Sons, 1925.

Spark, Muriel, "Gardens: Plotting an Alpine Cliffhanger." *Architectural Digest* (February 1987), 125-29, 156.

Triggs, H. Inigo. *The Art of Garden Design in Italy*. London, Longmans, Gree, & Co., 1906.

Uberti, Giansevero. *Guida generale ai laghi subalpini ed alla Brianza*. Milano, Guidoni, 1890.

Valeri, Diego e Mario de Biasi. *Lago di Garda*. Roma, LEA, 1959.

Villa del Balbianello, Milano, Electa, 1990.

Visioni del lago di Garda. Novara, Istituto Geografico de Agostini, 1963.

Walker, John e Amery Aldrich. *A Guide to Villas and Gardens in Italy for the American Academy in Rome*. Firenze, 1938.

Wetzel, Johan Jacob. *Il Lago di Como: voyage pittoresque au Lac de Como*. Introduzione di Piero Bianconi. Milano, Il Polifilo, 1972.

Wharton, Edith. *Ville italiane e loro giardini*. Firenze, Passigli, 1983.

Indice

Abbazia di Piona, 20
Amati, Angiolino, 210
Ames, Butler, 63
Arconati Visconti famiglia, 63
Argenti, Giosuè, 70, 71
Art of Garden Design (Triggs), *12-13*, 85

Bagatti Valsecchi famiglia, 73, 74
Balzaretto, Luigi, 70
Bellagio, *vedi* Villa Melzi; Grand Hotel Villa Serbelloni
Belle Arti, 155
Bellini, Mario, 31, *33*
Bernini, conte Giandanese, 197
Bettoni famiglia, 175
Bogliaco, *vedi* Villa Bettoni
Bolvedro, *vedi* Villa la Quiete
Bonghi, Ruggero, 151
Borgomanero, contessa, 111
Borgovico, *vedi* Villa dell'Olmo
Borletti, contessa Ida, 201
Borromeo famiglia, 15, 128, 133, 135, *138*, 140
Borromeo, San Carlo, 14, 15, 59, 117, 128, 140
Brenzone famiglia, 191, 192
Browne, Peter, 155
Buri, conte Giovanni Battista, 197

Calderara, marchese Bartolomeo, 36
Canepa, Michele, 54
Cantoni, Simone, 25
Cardano di Grandola, *vedi* Villa Bagatti Valsecchi
Caroline, regina di Brunswick, 14, 21, 36
Castelli, Francesco, 135
Cernobbio, *vedi* Grand Hotel Villa d'Este; Villa Erba; Villa il Pizzo
Cerro, *vedi* Fortino del Cerro
Ciani, barone Ippolito Gaetano, 36, 43-44
Clerici, marchese Antonio Giorgio, 86
Cocker, Henry, 162, 201
Como (città), *vedi* Villa dell'Olmo; Villa Erba
Comolli, Giovanni Battista, 93
Cristofoli, Adriano, 176
Crivelli, Angelo, 135

D'Annunzio, Gabriele, 213
del Carretto, duchessa, 89
della Torre e Tasso, Principessa (Ella Walker), 114
Della Valle di Casanova, Silvio, 155
Della Valle di Casanova, Sophia, 155, 156
de Marchi, Marco, 119
Donagemma, Giuseppe, 181, 182
Durini, cardinale Angelo Maria, 54, 59

Edwards, Alec, 201
Erba, Luigi, 31

Fondazione Konrad Adenauer, 77
Fondazione Rockefeller, 111-114
Fondo Ambiente Italiano, 63, 74
Fontana, Carlo, 135
Fortino del Cerro, *164*, 165, *166-167*
Frizzani famiglia, 105

Gallarati-Scotti, conte Ludovico, 93
Gallio, cardinale Tolomeo, 35
Garda, *vedi* Villa Idania
Gardone Riviera, *vedi* Giardino Hruska;
Garibaldi, Giuseppe, 15, 26, 128

Giardino Hruska, *206*, 207, *208-209*
Giardino sul Lago, *186*, 187-108, *189*
Giovio famiglia, 54
Grand Hotel Villa Cortine, *180*, 181-182, *183-185*
Grand Hotel Villa d'Este, 11, 18, *34*, 35-36, *37-39*, 40, *41*, 43
Grand Hotel Villa Serbelloni, 18, 20, *104*, 105, *106-107*, 108, 109
Griante, *vedi* Villa la Collina
Guaita famiglia, 73

Hartlaub, Hermann, 54
Heller, André, 210
Heydeman, Cecil Albert, 63
Hruska, Arturo, 207, 210

Isimbardi, barone, 122
Isola Bella, 11, 14, 15, 126, 128, *132*, 133, *134*, 135, *136-137*
Isola Madre, 11-12, *13*, 14, 126, *127*, 128-129, *138*, 139-140, *141-145*

Kess, Walter, 117

Lago di Como, 11-15, 18-125, 126, 168
Lake Garda, 11-15, 126, 168-217
Lake Maggiore, 11-15, 126-167, 168
Lazise, *vedi* Villa Bernini
Lenno, *vedi* Villa Balbianello
Lodigiani, Gian Paolo, 47
Loveno, *vedi* Villa Vigoni
Lucie, 126

Maerth, Elizabeth Kiss, 49, 50
Marchetti, Antonio, 176
Marianna, principessa di Nassau, 86
McEacharn, Neil, 159, 162
Melzi d'Eril, Francesco, 86, 93
Menaggio, *21*
Moltrasio, 18, *19*, 43, *vedi anche* Villa Passalacqua
Monzino, Conte Guido, 63
Mornico, Lelio, 117
Moroni, Giancarlo, 214
Mugiasca, conte Giovanni, 43
Musard, Elise, 44
Mussolini, Benito, 15
Mylius famiglia 67, 70

Nesso, *21-23*

Odescalchi, marchese Innocenzo, 25
Odescalchi, Marco Plinio, 25
Ossuccio, *vedi* Villa Balbiano

Palazzo Martinengo, 172
Pallanza, *vedi* Villa San Remigio; Villa Taranto
Pallavicino famiglia, 151
Pellegrini, Pellegrino, 35
Pelusina, La, 35-36
Pierallini, Amerigo Vincenzo, 176
Pino, Domenico, 36
Plinio il Giovane, 14, 21, 25, 111, 194
Porri Lambertenghi, conte Luigi, 59, 63
Puncia, 15
Punta San Vigilio, *vedi* Villa Brenzone

Ragazzoni, Innocenzo, 25
Raimondi, marchese Giorgio, 25-26

Ranieri, arciduca, 43

San Giovanni, *vedi* Villa Trotti
Sanna, Raimonda, 47
Scaligeri famiglia, 172, 197, 199
Sciltan Museo, 213
Serbelloni, duca Alessandro, 114
Serbelloni, duca Gian Galeazzo, 90
Serponti famiglia, 121
Sfondrati famiglia, 21, 114
Signori, Franco, 182
Sirmione, *168*, *170-171*, 172; *vedi anche* Giardino sul Lago; Grand Hotel Villa
Sola Cabiati, contessa, 90
Sommariva di Lodi, Giovanni Battista, 86
Speciano, G. B., 43
Stanga, marchesino, 111
Stresa, *vedi* Villa Pallavicino
Sutton, Richard, 122

Tibaldi, Pellegrino, 54
Torri del Benaco, *168*
Tragœdia, La, 111
Tremezzo, *vedi* Villa Carlotta
Trotti-Bentivoglio, marchese Lodovico, 99

Vallombrosa, duca di, 151
Vantini, 105
Varenna, *21*, *vedi anche* Villa i Cipressi; Villa il Monastero
Vigoni, Don Ignazio, 67
Villa Bagatti Valsecchi, *72*, 73-74, *75*, 119
Villa Balbianello, 11, *58*, 59, *60-62*, 63, *64-65*, 119
Villa Balbiano, *52*, 53-54, *55-57*, 59
Villa Bernini, *196*, 197-198, *199*
Villa Bettoni, 11, 168, *174*, 175-176, *177-179*
Villa Brenzone, *190*, 191-192, *193*, 194, *195*
Villa Capuana, 21
Villa Carlotta, 3-5, 14, 15, 18, *80*, 81, *82-85*, 86, *87*
Villa dell'Olmo, 24, 25-26, *27-29*
Villa Erba, *30*, 31, *32-33*
Villa Idania, *200*, 201, *202-204*, 205
Villa i Cipressi, *116-117*, 119, *120*, 121-122, *123-125*
Villa il Monastero, *116*, 117, *118*, 119, 121, 122
Villa il Pizzo, 15, *42*, 43-44, *45-46*, 47
Villa la Collina, *76*, 77, *78-79*
Villa la Quiete, *88*, 89-90, *91*
Villa Melzi, 15, 18, 20, 86, *92*, 93, *94-95*, 96, *97*, 99, *100-101*
Villa Pallavicino, *146*, 147, *148-150*, 151, *152-153*
Villa Passalacqua, *48*, 49-50, *51*
Villa Pliniana, 18
Villa San Remigio, *154*, 155-156, *157*
Villa Serbelloni, 89, *110*, 111, *112-113*, 114, *115*
Villa Taranto, 11, 128, *158*, 159, *160-161*, 162, *163*
Villa Trivulzio, 99
Villa Trotti, *98*, 99, *100-101*, 102, *103*
Villa Vigoni, 15, *66*, 67, *68-69*, 70, *71*
Visconti di Modrone famiglia, 26, 31, 111
Vittoriale, 11, *212*, 213-214, *215-217*
Volpi Bassani, Fortunato, 44
von Koseritz, Kurt, 181

Walsh, Leonard, 191

Ringraziamenti

Ringraziamenti particolari a Sarah Buns, per la pazienza, l'umorismo e la cura nella supervisione di questo libro sui giardini uscito presso la casa editrice Rizzoli; a Liberto Perugi e a sua moglie Mariuccia che ha passato, con me, molti giorni piovosi ai laghi; a Mary McBride per i suoi sforzi nel progettare questo volume; a Patrick McCrea per la sua assistenza e l'entusiasmo per questo progetto; a Roswitha Otto e Cassandra Maresi per la loro calorosa ospitalità; alle biblioteche di Kunsthistorisches Institut di Firenze e alla Biblioteca Hotchkiss di Sharon; a Madre Jerome per le sue costanti preghiere; a Le Groupe per il loro supporto; a Lilliana Ruspini Schwering per i suoi suggerimenti; al conte Giandanese Bernini; a Elisa Provasoli Sissa; alla contessa Maria Bettoni Cazzago; al conte Vittorio Bettoni; al conte Guglielmo Guarienti di Brenzone; a Michele Canepa; a Pauline Ames Plimpton; a Mackie Davis; alla contessa Ida Borletti; a Marco Magnifico della FAI; all'Amministrazione di Villa Vigoni; alla Fondazione Konrad Adenauer; alla direzione di Villa d'Este; a Francis S. Sutton, direttore incaricato della Fondazione Rockefeller; all'avvocato Luigi Zagnoli; a Raimonda Sanna; a Gian Paolo Lodigiani; a Giuseppe Spinelli, direttore del Grand-Hotel Villa Serbelloni; alla contessa Sola Cabiati; al barone Pier Fausto Bagatti-Valsecchi; a Michele Ferrier e alla Signora Masini.